Neukölln

Die Geschichte eines Berliner Stadtbezirks

VERGANGENHEITS
VERLAG

Bernd Kessinger

# Neukölln

## Die Geschichte eines Berliner Stadtbezirks

Bibliografische Informationen der Deutschen Nationalbibliothek
Die Deutsche Nationalbibliothek verzeichnet diese Publikation in der Deutschen Nationalbibliografie; detaillierte bibliografische Daten sind im Internet über http://dnb.d-nb.de abrufbar.

ISBN: 978-3-86408-064-7

Korrektorat: Frank Petrasch

Grafisches Gesamtkonzept, Titelgestaltung, Satz und Layout: Stefan Berndt – www.fototypo.de

© Copyright: Vergangenheitsverlag, Berlin / 2025
Am Friedrichshain 22 / 10407 Berlin / info@vergangenheitsverlag.de
www.vergangenheitsverlag.de

Alle Rechte, auch die des Nachdrucks von Auszügen, der fotomechanischen und digitalen Wiedergabe und der Übersetzung, vorbehalten.

# Inhalt

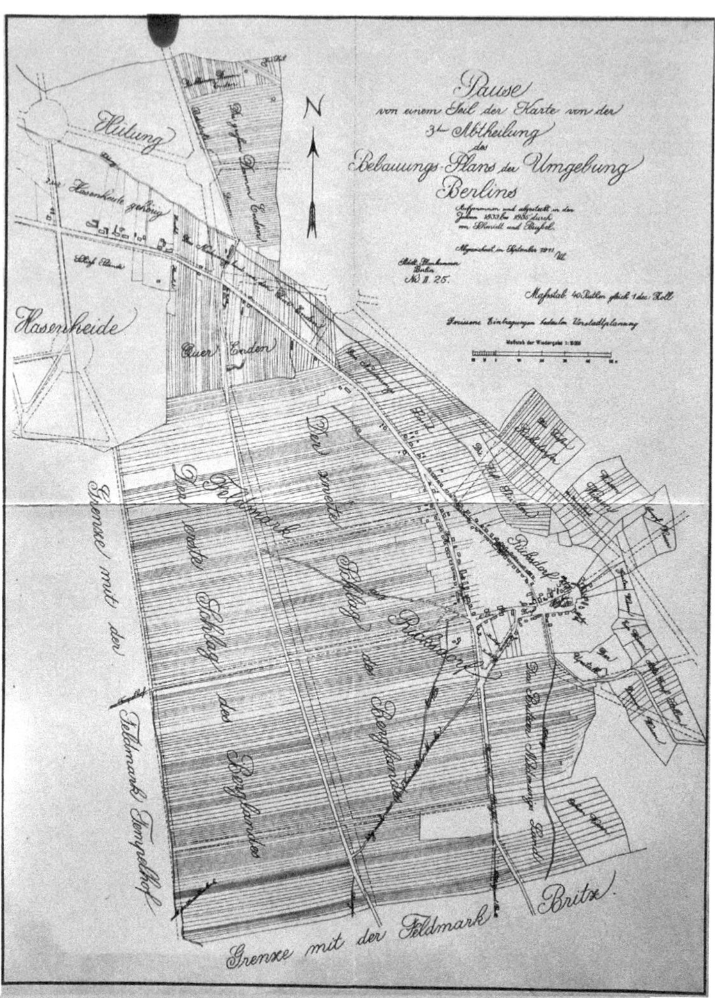


Rixdorf um 1834 als Dorf im Berliner Umland.

# Einleitung

„Ich habe dem Wunsche ihrer Stadt gerne entsprochen und die Umwandlung des Namens Rixdorf in Neukölln unter dem heutigen Tage genehmigt. Den Behörden und der Bürgerschaft Neuköllns entbiete ich meinen landesväterlichen Gruß und meine Wünsche für eine fernere segensreiche Entwicklung der jungen Großstadt", telegraphierte Kaiser Wilhelm II. vor 100 Jahren, am 27. Januar 1912, an Oberbürgermeister Curt Kaiser. Aus dem übel beleumundeten Rixdorf wurde Neukölln.

Ein weiteres historisches Ereignis jährt sich 2012: 1737, vor genau 275 Jahren, begann die Migrationsgeschichte von Rixdorf-Neukölln mit der Ansiedlung böhmischer Glaubensflüchtlinge. Lange Zeit stellten sie die Bevölkerungsmehrheit und bestimmten maßgeblich die Geschicke des Ortes. Wobei es jedoch nicht immer ohne Konflikte mit den deutschen Bewohnern zuging.

Um 1900 explodierte Rixdorf förmlich durch den Zuzug ostelbischer Landbevölkerung. Die Einwohnerzahl stieg zwischen 1871 und 1910 von 11.000 auf 252.000 – Rixdorf war die am schnellsten wachsende deutsche Großstadt. Die daraus resultierenden sozialen Probleme machten sie bald zu einer Hochburg der organisierten Arbeiterbewegung. Zugleich war der rebellische Ort als Amüsierviertel der Unterschichten weit über Berlin hinaus bekannt: Der Gassenhauer „In Rixdorf is' Musike“ ist noch heute vielen ein Begriff.

Die Stadt mit dem schlechten Ruf änderte allerdings auch durch die Namenskosmetik von 1912 ihren proletarischen Charakter nicht – 1919 riefen der revolutionäre Arbeiter- und Soldatenrat die „Republik Neukölln“ aus.

Nach dem kurzen Intermezzo der Revolution wurde Neukölln 1920 nach Berlin eingemeindet. In der Zeit der Weimarer Republik war der Arbeiterbezirk ein sozialreformerisches Experimentierfeld, aber ebenso Schauplatz harter politischer Kämpfe. Er erlebte die blutigen Maiunruhen 1929 und die Eroberungsversuche der Nationalsozialisten.

Nach einer gespaltenen Bilanz von Widerstand und Anpassung während des NS-Regimes scheiterte die kurzzeitige Vision einer geeinten Arbeiterbewegung nach 1945 rasch an der politischen Wirklichkeit. Neukölln geriet zwischen die Fronten des Kalten Krieges. Nach dem Bau der Mauer fand sich der Bezirk unversehens in einer isolierten Randlage wieder. Es folgten lange Jahre eines Schattendaseins als unauffälliger, arbeitsamer Teil des eingeschlossenen Berlin.

Mit der Öffnung der Grenzen 1989 wurde der Bezirk grundlegend erschüttert. Der Niedergang der Industrie, Arbeitslosigkeit und ein tiefgreifender sozio-demographischer Wandel prägten das nachfolgende Jahrzehnt. Als „Hartz-IV-Hauptstadt" Sammelbecken von Migranten und „Wendeverlierern West" geriet Neukölln bald in den Fokus der öffentlichen Aufmerksamkeit. Der Skandal an der Rütli-Schule 2006 zementierte den Ruf als „Bronx von Berlin" und berüchtigtstes „Problemviertel" der Republik – Jugendgewalt, Verwahrlosung und migrantische Parallelgesellschaften bestimmten das mediale Bild.

Etwa zeitgleich machten sich erste Anzeichen eines Imagewandels bemerkbar. Innerhalb weniger Jahre wurde der Norden Neuköllns zum Zentrum der Berliner Off-Kultur und einem angesagten Wohnviertel, nicht ohne den Ruch einer gewissen Ghettoromantik. Die „Marke Neukölln" gilt plötzlich als schick, die Vielfalt des Multikosmos mit 310.000 Einwohnern aus 160 verschiedenen Ethnien, Nationen und Kulturen wird hochgehalten. „Die ganze Welt feiert Neukölln" titelte 2011 eine bekannte deutsche Boulevardzeitung.

Polarisierende Bilder wohin man blickt. Doch was verbirgt sich dahinter in den Tiefen der Vergangenheit? Was steckt hinter all den Klischees und Mythen, die Neukölln seit jeher begleiten?

Dieses Buch führt durch die wechselhafte und konfliktreiche Geschichte eines der traditionsreichsten Berliner Arbeiterbezirke und zeigt dabei die Entwicklungslinien und Brüche bis hin zu den Debatten der Gegenwart.

# Von der Dorfgründung zur Gründerzeit

Neukölln tritt zum ersten Mal 1360 ins Licht der Geschichte. Eine auf den 26. Juni datierte Gründungsurkunde bestätigt die Umwandlung eines Hofguts des Johanniterordens in Richardsdorf – 14 abgabenpflichtige Bauernfamilien lebten dort. 1435 verkauften die Johanniter das Dorf an die gemeinsame Kämmereiverwaltung der Städte Berlin und Cölln an der Spree, 1543 ging es nach jahrelangen Streiterein in den alleinigen Besitz von Cölln über. Die Verwüstungen des Dreißigjährigen Krieges (1618 – 1648) machten auch vor dem kleinen Flecken Richardsdorf nicht halt. Nach dem Wiederaufbau bestand die Bevölkerung aus nur noch acht Familien. Die Vereinigung der beiden Spreestädte brachte das protestantische Dorf 1710 unter die Obrigkeit des Berliner Magistrats.[1] In

Preußen war die absolutistische Ära der Hohenzollern angebrochen. Der Soldatenkönig Friedrich Wilhelm I. brauchte zur Deckung seiner wachsenden Staatsausgaben dringend steuerzahlenden Untertanen – im Zuge einer gezielten Besiedlungspolitik holte der Monarch Einwanderer in sein Reich. Nachdem zuvor bereits aus Frankreich vertriebene Hugenotten und Salzburger Protestanten Aufnahme in Preußen gefunden hatten, begann 1737 die Immigrationsgeschichte Neuköllns mit der Ansiedlung böhmischer Glaubensflüchtlinge. 83 Familien der protestantischen Brüdergemeinde bekamen in direkter Nachbarschaft zu den einheimischen Richardsdorfern ein Fleckchen Land zugewiesen. Für 18 von ihnen ließ der preußische König neun Doppelhäuser bauen, dazu erhielten sie eine Grundausstattung von je zwei Pferden und Kühen, sowie landwirtschaftliches Gerät. Die übrigen Kolonisten wohnten als Einlieger in den Scheunen. Die Richardsdorfer Böhmen genossen gewisse Privilegien gegenüber den Einheimischen: Zwei Jahre Steuerfreiheit, Erbpacht der Höfe, Militärdienstbefreiung, das Recht auf freie Religionsausübung, eigene Prediger und eine autonome Dorfgerichtsbarkeit.[2]

Um 1800 setzte sich allmählich der Name Rixdorf für die Doppelgemeinde durch. Trotz mehrerer verheerender Brandkatastrophen im 19. Jahrhundert sind noch heute die Spuren der Einwanderer im Böhmischen Dorf sichtbar. An manchen Abschnitten der Richardstraße und in der parallel verlaufenden Kirchgasse hat man noch heute das Gefühl, in einem ländlichen Idyll inmitten der Großstadt zu stehen. Am Ende

Böhmische Protestanten auf der Flucht. Relief auf dem 1912 errichteten Denkmal des Soldatenkönigs zum Dank für die Aufnahme in Rixdorf.

der Kirchgasse befindet sich das 1912 von den dankbaren böhmischstämmigen Untertanen errichtete Standbild Friedrich Wilhelms I., daneben das älteste erhalten gebliebene Gebäude, das Schul- und Anstaltshaus von 1753.[3] Zahlreiche Straßennamen erinnern an die Kolonisationsgeschichte des historischen Ortskerns, an die Herkunft der Glaubensflüchtlinge und die Stationen ihrer Diaspora, ihre Dorfschulzen und Religionsstifter: die Böhmische Straße, ein Herrnhuter-, Gerlachsheimer- und Jan-Hus-Weg, aber auch versteckte Gassen wie der Wanzlikpfad. Daneben finden sich noch Überreste des alten Deutsch-Rixdorf. In der Mitte des Richardsplatzes, des ehemaligen Dorfangers, steht die historische Schmiede – erstmals 1624 urkundlich erwähnt, wird dort noch immer traditionelles Handwerk ausgeübt.

Böhmisch-Rixdorf, mit seinen tschechischsprachigen Bewohnern blieb bis zur Zusammenlegung der Gemeinden 1874 verwaltungstechnisch, aber auch in Brauchtumspflege, Kultur und religiösem Ritus vom benachbarten Deutsch-Rixdorf getrennt. Denn obwohl die böhmischen Zuwanderer sich bald in drei konkurrierende Religionsgemeinschaften – Böhmisch-Luterisch, Böhmisch-Reformiert und die Brüdergemeinde – aufspalteten, bildeten sie nach außen noch lange Zeit eine ethnische Einheit. Bis etwa 1820/30 blieb Tschechisch die alleinige Umgangssprache.[4] 1838, einhundert Jahre nachdem sich die ersten Glaubensflüchtlinge in Rixdorf niedergelassen hatten, sprach deren Dorfschulze Heinrich Wilhelm Jansa noch kaum Deutsch.[5] Aber schon 30 Jahre später schrieb ein Besucher, „daß ein Drittel derselben [der Böhmen] ganz verdeutscht ist, ein zweites Drittel halb böhmisch geblieben, halb deutsch geworden ist, während der Rest noch heutigen Tages vorzugsweise gern die alte Sprache spricht“.[6] Noch zu Beginn des 20. Jahrhunderts gab es nicht wenige ältere Leute, die nur Tschechisch sprachen. Der letzte Böhme, der des Deutschen kaum mächtig war, starb 1925. In den 1940er-Jahren verebbte die böhmische Sprachtradition in Rixdorf schließlich.[7] Doch die allmähliche Sprachaneignung der Zugezogenen war keine Einbahnstraße – die Bewohner Deutsch-Rixdorfs hatten ihrerseits linguistische Eigenheiten der Böhmen übernommen. Diese ließen im Deutschen beispielsweise gerne die Artikel aus: Ich komme aus Stadt, gehe nach Schule etc. Als Ergebnis war auf der Dorfstraße gelegentlich ein eigentümliches tschechisch-deutsches Kauderwelsch zu hören.[8]

Allerdings waren auch Konflikte zwischen deutschen und böhmischen Rixdorfern lange Zeit an der Tagesordnung. In seinem Gutachten zur geplanten Zusammenlegung der drei böhmischen mit der deutschen Schule aus dem Jahr 1812 riet Stadtbaurat Langerhans von diesem Vorhaben ab. Als einer der Gründe führte er die Spannungen zwischen beiden Gemeinden an, die sich auf die Kinder übertragen und zu Prügeleien führen würden.[9] Um die Reibereien zwischen den Parteien auf sportliche Weise auszutragen, sollen die Dorfschulzen der beiden Rixdorf bereits im Ansiedlungsjahr 1737 ein Strohballenwettrollen rund um den Richardplatz eingeführt haben, bei dem Deutsche und Böhmen gegeneinander antraten. Dieses „Popráci" genannte Ereignis wurde 1912 von Kaiser Wilhelm II. verboten. 2008 ließ die Künstlerkolonie Rixdorf den historischen Brauch wieder aufleben.

Eine schönes Beispiel interkultureller Begegnung – allerdings ist die Geschichte völlig frei erfunden. Nichtsdestotrotz findet seither jährlich im September das Popráci als Volksfest mit ständig wachsendem Zulauf statt. Schirmherren sind mittlerweile der Neuköllner Bezirksbürgermeister Heinz Buschkowsky und der tschechische Botschafter in Berlin.[10] Auch wenn das Rixdorfer Strohballenrollen nichts mit der historischen Wirklichkeit zu tun hat, so zeigt es dennoch die Nachwirkungen und die Lebendigkeit einer 275-jährigen böhmischen Migrationsgeschichte bis in die heutigen Tage.

Eine 90-jährige Rixdorfer Böhmin im Jahre 1867.

Mit der Integration hatten es die Exilanten nicht eilig, auch deshalb, weil bis in die 1830er Jahre immer wieder Böhmen nach Rixdorf einwanderten, und sie somit die Bevölkerungsmehrheit stellten. Das Verhältnis kehrte sich in den Folgejahren jedoch um: 1858 zählte Böhmisch-Rixdorf 1014 Einwohner, Deutsch-Rixdorf mit 2383 bereits doppelt so viele.[11]

In seiner Reportage „Böhmisches Dorf in Berlin" beschrieb Egon Erwin Kisch 1926, wie Kultur und Sprache der Einwanderer sich allmählich in der Mehrheitsgesellschaft der Riesenmetropole Berlin auflösten. Der Dorfplatz hieß zwar nach wie vor Paloucek, aber aus den böhmischen Namen Mareš, Lischka und Procházka waren schon Maresch, Fuchs und Spazier geworden. Manchmal fanden sich an den Geschäften noch beide Schreibweisen, aber Tschechisch wurde immer seltener. Mit einiger Ironie beschreibt Kisch, wie aus so manchem Flüchtlingsnachkommen böhmischer Herkunft ein teutonischer Weltkriegsrevanchist geworden war, der im eleganten Westen Berlins in alldeutschen Großmachtsphantasien schwelgte.[12]

Im Gegensatz zu den Kolonisten der ersten Stunde waren die nachfolgenden Böhmen nicht mehr ausschließlich Bauern. Es kamen Weber, Handwerker, Tagelöhner oder Angehörige anderer, nichtlandwirtschaftlicher Berufe. Diese „Büdner" genannte Bevölkerungsgruppe hatte sich bis zu Beginn des 19. Jahrhunderts bereits erheblich vergrößert und war wegweisend für die weitere Entwicklung Rixdorfs – allen voran die Weber. Neben die Landwirtschaft trat bald das Textilgewerbe als wichtigster Wirtschaftsfaktor, bereits 1849 entstand in Rixdorf eine Weber- und Wirker-Innung.[13] Doch der Wandel zum Gewerbedorf stieß angesichts des Bevölkerungswachstums schnell an seine Grenzen. Denn das Hausgewerbe der Weberei, die Gummiwarenfabrik, eine Kalkbrennerei und die zehn ortsnahen Mühlen boten bald nicht mehr genügend Arbeitsplätze – immer mehr Rixdorfer pendelten zum Arbeiten in die nahegelege Stadt.[14]

Die Windmühlen prägten, heute kaum noch vorstellbar, lange Zeit das Rixdorfer Landschaftsbild. 1858 drehten sich noch acht Getreide-Bockwindmühlen, vier Lohmühlen und zwei Holländer-Getreidemühlen auf den windigen Rollbergen zwischen der heutigen Karl-Marx-Straße und dem Tempelhofer Feld.[15]

Die Rollberge, einst landschaftlich prägendes Element der Rixdorfer Umgebung, sind heute verschwunden; lediglich das leicht ansteigende Gelände nördlich und östlich der Hermannstraße erinnert noch an sie. Der von den Gletschern der letzten Eiszeit dorthin „gerollte“ Kies wurde um 1850 zum begehrten Baumaterial für das expandierende Berlin, das bis 1870 seine Bevölkerungszahl verdoppelte. Die Rollberge wurden abgetragen, womit die bodenbesitzenden Bauern Rixdorfs zweifachen Gewinn machten: zuerst durch die Ausbeutung der Kiesgruben, danach durch den Verkauf der Flächen als Bauland. In Berlin wurde der Raum zusehends knapp und Rixdorf mit seinen inzwischen rund 15.000 Einwohnern schien geeignet zur Errichtung einer ersten vorstädtischen Arbeitersiedlung. Neben dem Bauland der Rollberge verfügte der Ort bereits seit 1712 mit der Straße Berlin-Dresden über eine gute Verkehrsanbindung, woran bis 1908 die historische Gaststätte und Pferdewechselstation „Rollkrug" an der Ecke Hermann-/Karl-Marx-Straße erinnerte. 1868 war Rixdorf zudem mit dem heutigen Bahnhof Neukölln an die Berliner Ringbahn angeschlossen worden.

Der Hobrecht-Plan, der seit 1862 die groben Richtlinien der Hauptstadtbebauung festlegte, hatte in Rixdorf keine Gültigkeit – der Erschließung waren also kaum Grenzen gesetzt. An den zuvor von einigen Kirchengemeinden weit vor die Tore Berlins ausgelagerten Friedhöfe, die sich noch heute als grünes Band durch den Norden Neuköllns ziehen, wuchsen schon bald die ersten Wohnhäuser in die Höhe.

Fotographie aus den 1880er Jahren. Rixdorfer Windmühle, im Hintergrund das Rathaus. Auf dem sandigen Gelände wurden bald darauf die Neckar- und Boddinstraße angelegt.

# Die wuchernde Großstadt – In Rixdorf is' Musike

1873 begann die Bebauung der Rollberge. Die erste Bauphase des nur fünf Längs- und drei Querstraßen zählenden Quartiers war noch ganz von einer Mischnutzung aus Arbeiten und Wohnen bestimmt. Die zwei- bis dreigeschossigen Mietshäuser vorstädtischen Typs – Vorläufer der späteren Mietskasernen – boten in ihren Höfen Platz für Ställe, Handwerksbetriebe und produzierendes Kleingewerbe.

Die Häuser wurden von privaten Bauherren mit billigsten Materialien in denkbar schlechter Qualität errichtet, die Wohnungen zeichneten sich durch Unterschreitung selbst der einfachsten sanitären und wohnlichen Standards aus. Wegen der vergleichsweise geringen Mieten zogen vor allem einkommensschwache und kinderreiche Familien in das Rollbergviertel.

Rixdorfer Hinterhofbebauung.

Ab 1885 erfolgte dann die Bebauung mit den ersten vier- und fünfgeschossigen Mietskasernen; die zwei Jahre später übernommene Berliner Bauordnung erlaubte eine maximale Ausnutzung der Grundstücksfläche durch hohe Häuser, die sich um winzige Innenhöfe gruppierten. Die dritte Bauphase von 1891 bis 1913 führte schließlich zu den geschlossenen Häuserfronten der so genannten Blockrandbebauung. Der Bauboom der Gründerzeit, der auch in Rixdorf von Profitgier der Bauherren und Bodenspekulationen begleitet war, zeigte im Rollbergviertel am deutlichsten seine menschenfeindlichen Auswirkungen. Der dem Portraitisten des proletarischen Berliner Milieus, Heinrich Zille, zugeschriebene Ausspruch, „Man kann einen Menschen mit einer Wohnung genauso töten wie mit einer Axt", traf dort in besonderer Weise zu.

Die Grundstücke waren bis zu drei Vierteln bebaut, zum größten Teil mit Ein- und Zweiraumwohnungen in zahlreichen Quer- und Seitenflügeln. Die engen und dunklen Höfe hatten keinerlei Begrünung, geschweige denn Spielmöglichkeiten für die vielen Kinder – meistens befanden sich dort die wenigen Toiletten für sämtliche Bewohner der überbelegten Blöcke.[16] Unter der sarkastischen Überschrift „Das Mieter-Paradies" prangerte eine Straßenzeitung noch um 1930 die Missstände in einem Neuköllner Mietshaus an: Sechs Hoftoiletten für 32 Familien; meistens verrichteten die Menschen ihre Notdurft in Eimer, die sie in eine Sandgrube hinter dem Haus ausleerten.[17]

Über das Innere der Mietskasernen konnte auch manche stuckverzierte Fassade nicht hinwegtäuschen.

Im Jahre 1900 hatten 87% aller Rixdorfer Wohnungen nur ein oder zwei Zimmer, lediglich 22,7% ein eigenes WC und gerade einmal 3,1% ein Bad.[18] Die Einraumwohnungen gingen oftmals von einem gemeinsamen Flur ab oder lagen, als dunkles und schlecht zu lüftendes „Berliner Zimmer" zwischen Vorderhaus und Seitenflügel. Im Rollbergviertel gab es auch die – selbst bei den miserablen Wohnverhältnissen der Hauptstadt seltenen – „gefangenen Wohnungen", die nur durch eine davor gelegene Wohneinheit zu betreten waren.[19] Die größte Rixdorfer Mietskaserne stand seit 1904 im Böhmischen Dorf: die „Richardsburg" in der Richardstraße 35, mit fünf Hinterhöfen.

Der endlose Zustrom von vorwiegend ländlicher Bevölkerung aus den Ostprovinzen des Reiches steigerte die Wohnraumknappheit. Lebten 1871 noch 11.442 Personen in Rixdorf, so verzehnfachte sich die Einwohnerschaft auf 101.636 zur Jahrhundertwende und explodierte bis 1910 nochmals auf 252.105. Damit war Rixdorf nicht nur der zweitgrößte Berliner Vorort nach Charlottenburg,[20] sondern auch die am schnellsten wachsende Großstadt des Deutschen Reiches.

In dieser städtischen Überverdichtung waren zehn- bis zwölfköpfige Familien in den winzigen Wohnungen keine Seltenheit; oftmals mussten die kargen Einkünfte noch durch Schlafburschen aufgebessert werden, denen man stunden- oder tageweise ein Bett vermietete. Diejenigen, die auf der alleruntersten sozialen Stufenleiter standen, kamen nur in feuchten Kellern oder im Sommer glühend heißen, im Winter hingegen kaum zu heizenden Dachgeschosszimmern unter – jeder Winkel, jede Remise wurde noch vermietet. Der Soziologe Werner Sombart beschrieb 1906 die Verhältnisse in der drangvollen Enge der großstädtischen Mietskaserne:

„ ... hier hört Heimlichkeit und Heimischsein auf; hier, wo des Sommers durch die offenen Fenster – denn in den Räumen, in denen zugleich gekocht, gewaschen und gebügelt wird, ist es bei geschlossenen Fenstern nicht auszuhalten – der ganze Klatsch, der ganze Zank, alles Klappern, Schwirren, Surren, Summen der Näh- und Schuhmachermaschinen, alles Kindergeschrei, alles Tosen der Maschinerie der Fabrik im Hofraum, aller Dunst und Duft der 40 oder 50 Küchen mit ihrem Talggeruch und ihrer Ranzigkeit dringt, wo keine Tür geöffnet werden kann, ohne daß neugierige, neidische oder schadenfrohe Blicke hineindringen, hier muss das Heim als Hölle, die Kneipe und das Bordell als Himmel erscheinen, können Zuchthaus und Irrenanstalt kaum noch Schrecken mehr haben“.[21]

Wobei die von Sombart genannten Ausweichmöglichkeiten ausschließlich den Männern vorbehalten waren; gefangen in dieser Hölle aus Heimarbeit, Kinderbetreuung und Haushaltsführung waren auch in Rixdorf vornehmlich die Frauen.

Unter den ungesunden Lebensbedingungen des Rollbergviertels war die Kindersterblichkeit besonders hoch. Rachitis, eine Vitamin D- und Lichtmangelkrankheit, oder die oft als „Proletarierseuche“ bezeichnete Tuberkulose (TBC) grassierten dort verstärkt – beide sind fast immer auf schlechte Wohnverhältnisse zurückzuführen. Noch bis 1953 hatte das Rollbergviertel die höchste TBC-Sterblichkeitsrate von Berlin.[22]

Pädagogen wurden schon früh auf die miserable Lage der Kinder in den proletarischen Quartieren aufmerksam. Der heute fast vollständig vergessene Konrad Agahd, von 1890 bis 1913 Lehrer an der 11. Rixdorfer Gemeindeschule, hatte am elenden Zustand seiner Schüler mitangesehen, wie sich Missbrauch der Kinder zu Fabrik- und Heimarbeit oder gar Prostitution auswirkte. 1894 erschien seine Studie zur Kinderarbeit anhand von 3287 Kindern aus Rixdorf. Konrad Agahds jahrelanges Engagement mündete schließlich 1903 im ersten Kinderschutzgesetz, als dessen Vater er bis heute gilt. Seit 1955 trägt seine ehemalige Wirkungsstätte in der Thomasstraße den Namen Konrad-Agahd-Schule.[23]

Der wohl bekannteste Bewohner des Rollbergviertels war Wilhelm Voigt, der Carl Zuckmayer als Vorlage für seine Obrigkeitssatire „Der Hauptmann von Köpenick“ diente. Der Hochstapler Voigt lebte 1906 zeitweilig bei seiner Schwester in der Kopfstraße 27. Von dort aus startete er seinen berühmt gewordenen Coup. In einer preußischen Hauptmannsuniform vom Trödler übernahm er das Kommando über eine zwölfköpfige Abteilung des 4. Garderegiments und marschierte in Köpenick ein, wo er den Bürgermeister verhaften ließ und die Stadtkasse um 4.000 Mark erleichterte. Die Geschichte ging um die Welt – Voigt hatte den preußisch-deutschen Untertanengeist vor aller Welt lächerlich gemacht. In Rixdorf wurde er darum zu einer regelrechten Attraktion – im August 1908 wurden bei einem Volksauflauf „von den Personen, die den Schuhmacher Wilhelm Voigt durchaus von Angesicht zu Angesicht sehen wollten, siebzehn

Die Stadtoberen besichtigen ein Modell des geplanten Krankenhauses anlässlich der Eröffnung des Rixdorfer Industriehafens 1908.

wegen Ruhestörung, Krawall und so weiter polizeilich sistiert".[24]

Rixdorf galt bis zur Erhebung zur kreisfreien Stadt am 1. April 1899 als „Preußens größtes Industriedorf" mit dem höchsten Arbeiteranteil aller Orte im Berliner Umland.[25] 1907 arbeiteten 70,2% der Berufszugehörigen in der Industrie – Rixdorf war jedoch vorwiegend eine Arbeiterschlafstadt für die Berliner Betriebe. Ab 1872 hatten sich mit dem „Bauverein der Tischler und Berufsgenossen" jenseits der Ringbahn (an der heutigen Silbersteinstraße) holzverarbeitende Kleinbetriebe niedergelassen und auf den Rollbergen entstand zur selben Zeit die „Vereinsbrauerei Berliner Gastwirte" (die spätere Kindl-Brauerei). Auch entlang des 1906 eröffneten Teltowkanals, von dem der kreditfinanzierte Neuköllner Schifffahrtskanals mit seinen Hafenbauten abzweigte, siedelte sich Industrie an. Dennoch blieb Rixdorf eine arme Gemeinde: Beim Pro-Kopf-Steueraufkommen rangierte sie an vorletzter Stelle aller deutschen Großstädte und so standen die Einnahmen in keinem Verhältnis zu den unbedingt notwendigen Ausgaben.[26]

Unter dem langjährigen Bürgermeister Hermann Boddin hatte das rapide wachsende Rixdorf eine Schwemmkanalisation und die kommunale Gas- und Wasserversorgung eingerichtet; auch ein neues Krankenhaus, eine stadteigene Feuerwehr und das erweiterte Schulwesen des kinderreichen Rixdorf wollten finanziert sein. Allein von 1905 bis 1920 verdoppelte sich die Zahl der Schulen beinahe von 22 auf 43. Ein ebenfalls nicht unwesentlicher Teil des Haushaltes entfiel auf die kommunale Wohlfahrtspflege und Armenfürsorge, die die sozialen Probleme lediglich abmildern, aber natürlich nicht lösen konnten.[27]

In der Arbeiterstadt Rixdorf bildete sich schon früh eine proletarische Subkultur mit zahlreichen Arbeitersport-, Bildungs- und Gesangsvereinen sowie einer lebendigen Vielfalt sozialdemokratischer Lokale und Versammlungsstätten heraus. Die überwiegende politische Überzeugung der Bevölkerung kam bei den Reichstagswahlen 1903 zum Ausdruck: 84% votierten für die SPD (8% deutschkonservativ, 3% freisinnig, 3% nationalliberal und 2% Zentrum). Dem entsprach zwar nicht der Anteil der Sozialdemokraten in der Stadtverordnetenversammlung, da auf Gemeindeebene noch das preußische Dreiklassenwahlrecht galt; dennoch hielt die SPD mit 33 von 72 Abgeordneten den höchsten Anteil im gesamten Berliner Raum.[28] Politisch blieb Rixdorf aber weiterhin von den bürgerlichen Honoratioren – Unternehmern und Grundbesitzern – dominiert. Deren Selbstverständnis spiegelte das neue Rathaus wider, ein monumentaler Repräsentationsbau, der 1908 unter dem städtebaulich wegweisenden Architekten und Stadtbaurat Reinhold Kiel fertiggestellt wurde. Die besseren Wohnhäuser des bürgerlichen Rixdorf konzentrierten sich am Kottbusser Damm, am Landwehrkanal und in der Kaiser-Friedrich-Straße, der heutigen Sonnenalle.[29] Als Lieblingsprojekt von Oberbürgermeister Boddin hatte die Straße die mondäne Promenade Unter den Linden zum Vorbild; mit den repräsentativen Häusern und geräumigen Wohnungen sollte ein „besseres" Publikum nach Rixdorf

Der Hohenzollernplatz (heute Karl-Marx-Platz) mit dem Reiterstandbild Wilhelms I. Die örtlichen „Stützen der Monarchie" hatten ihrem verstorbenen Kaiser 1902 ein Denkmal für 30.000 Reichsmark gesetzt – eine Unsumme zur damaligen Zeit, besonders für ein Elendsquartier wie Rixdorf.

gelockt werden – viele Geschäftsleute und Beamte der boomenden Reichshauptstadt hatten bisher den Berliner Westen der Arbeiterschlafstadt mit dem zweifelhaften Ruf vorgezogen.[30] Mit derselben Absicht wurde um die Jahrhundertwende westlich des Rollbergviertels die weitläufige Schillerpromenade erbaut. Großstädtisches Flair hielt auch anderenorts Einzug: Das „weltstädtische Modehaus Joseph u. Co." öffnete im Oktober 1900 seine Pforten an der Ecke Jäger-/ Berliner Straße (heute Karl-Marx-Straße) und am Kottbusser Damm lag das Kaufhaus Jandorf, dessen Inhaber auch das Kaufhaus des Westens besaß.[31]

Die wohlhabende bürgerliche Gesellschaft Rixdorfs traf sich vor allem in den zahlreichen Etablissements am so genannten Büdnerdreieck, wo heute Richard- und Karl-Marx-Straße aufeinandertreffen. Dort befanden sich Hofmanns Festsäle (heute Passage mit der Neuköllner Oper), Niesigks Salon (heute Saalbau Neukölln) und Bartas Deutsches Wirtshaus. Die politische Gesinnung eines Teiles der örtlichen „Stützen der Monarchie" zeigte sich in den 13 Rixdorfer Kriegervereinen, die 1906 in der Stadt existierten. Dort pflegte man deutschnationales Gedankengut und hetzte gegen so genannte Reichsfeinde – Juden und Sozialisten.[32] Im Deutschen Wirtshaus hielt bereits in den 1890er Jahren der Deutsche Antisemitenverein seine alljährlichen Sedansfeiern (zum Sieg des Reiches über Frankreich 1871) ab.[33]

Die sozialen Gegensätze der wilhelminischen Klassengesellschaft und der politische Ausschluss großer Bevölkerungsteile unter dem Dreiklassenwahlrecht entluden sich in Rixdorf 1908. Am 19. Dezember demonstrierten etwa 15.000 Arbeiter vor dem Rathaus – ein bisher noch nie da gewesener und in den Augen der Obrigkeit unerhörter Vorgang. Vorausgegangen waren den Protesten die Wahlen zur Stadtverordnetenversammlung. Von den 205.000 Einwohnern waren lediglich 35.382 überhaupt als Wähler zugelassen. Die Wahlordnung gliederte sie in drei Steuerklassen, wobei jeder gleichviel Mandate zustanden. In Rixdorf bedeutete das: 356, 3926 und 31.000 Bewohner wurden jeweils von der gleichen Anzahl von Abgeordneten repräsentiert. Vom Wahlrecht generell ausgeschlossen waren neben Frauen auch all diejenigen, die unter einer gewissen Einkommensgrenze blieben, keinen eigenen Haushalt besaßen oder irgendwann einmal Leistungen der städtischen Wohlfahrt in Anspruch genommen hatten. Das Ergebnis von 1908 brachte dennoch die Zwei-Drittel-Mehrheit der bürgerlichen Parteien in Gefahr, da die SPD erstmals auch Stimmen aus der zweiten Wählerklasse für sich gewinnen konnte. Mittels eines juristischen Tricks versuchte die konservativ-freisinnige Mehrheit das Resultat zu manipulieren: Ein Gesetz von 1900 erlaubte es größeren Gemeinden, die Steuerklassen zu verändern. Durch eine Anhebung der Zutrittsgrenze zur zweiten Wählerklasse sollten 2.000 Wähler in die dritte abrutschen, wodurch sich das Abstimmungsergebnis zugunsten der bürgerlichen Mehrheit verändert hätte. In Rixdorf kam es daraufhin zu tumultartigen Szenen: Im Rathaus versuchten SPD-Abgeordnete durch Dauerreden die Abstimmung zur Wahlrechtsänderung zu verhindern, empörte Arbeiter protestierten auf der Zuschauertribüne und im Saal der „Neuen Welt“ fand eine Volksversammlung unter dem Titel „Der Wahlrechtsraub der bürgerlichen Stadtverordneten Rixdorfs“ statt – vergebens. Der Wahlrechtsraub wurde erst durch eine Klage beim Oberverwaltungsgericht verhindert. Die Sozialdemokratie hatte ihren ersten Sieg in Rixdorf errungen.[34]

Dass sich die Arbeiterschaft zusehends organisierte, lag nicht zuletzt an der Wirtschaftskrise 1907/08, die Lohnsenkungen von bis zu einem Drittel mit sich brachte. Unter der sinkenden Kaufkraft der Bevölkerung litten folglich wiederum die Kleinhändler, Gastwirte und Handwerker. In Rixdorf kam es, wie anderenorts auch, zu harten Arbeitskämpfen in der Industrie und den großen Warenhäusern.[35]

Doch nicht bloß das politische Aufbegehren der Massen waren der bürgerlichen Elite ein Dorn im Auge – auch das Massenamüsement, für das Rixdorf weit über seine Grenzen hinaus bekannt war, hatte in deren Sicht längst das Ausmaß einer ernstzunehmenden Rufschädigung erreicht. Der populäre Gassenhauer „In Rixdorf is' Musik“ stand symptomatisch für jene „Zustände“, über die sich ein Journalist 1908 in der Rixdorfer Zeitung empörte:

„Ein Meer von Schaubuden, Vergnügungsstätten, Karoussels, Schankstätten, Musik-Pavillions, Bals champetres, Würfelbuden, Lachkabinetten und dergleichen breitete sich in den tiefsandigen Wegen der Hasenheide aus, und sonntags herrschte hier ein Gekribbele und Gewibbele von vergnügungssüchtigen Berlinern, wie in einem Ameisenhaufen, ein Trubel und festlicher Lärm, wie wir ihn anderswo in Groß-Berlin weder vorher noch nachher je gesehen haben. (...) Die Schaubudenstadt zog naturgemäß wie ein Magnet zahlreiche unlautere Elemente der Reichshauptstadt an. Halbwüchsige Burschen, geziert mit der bekannten hohen Mütze und dem malerisch geknoteten Halstuch, sah man in Begleitung von frech dreinschauenden Dämchen, die ohne Hut, aber mit weißer Schürze angetan, einherstolzierten, zwischen den Buden herumlungern, und allerlei lichtscheues Gesindel aus Berlin gesellte sich zu diesem Abschaum der Großstadt. Die Berliner Polizei sah dem Gelichter aber bald scharf auf die Finger und machte ihm das Leben sauer. Was war also natürlicher, als daß die Zuhälter, die Dirnen und die Verbrecher der Hasenheide sich dem nahegelegenen Rixdorf zuwandten, wo sich in den stillen Straßen allerlei Schlupfwinkel finden ließen, und wo ihnen die Polizeimacht des Dorfes, bestehen aus wohlgezählten zwei Schutzleuten, die später durch Gendarmen ersetzt wurden, nicht viel anhaben konnte! Dicht an der Weichbildgrenze lag in der Berliner Straße die ‚Rolle', ein übelberüchtigtes Tanzlokal, dessen häßliche und verfallene Baulichkeiten bekanntlich erst im vorigen Jahre den jetzigen höheren Mädchenschulen Rixdorfs haben weichen müssen. In der Rolle war allsonntäglich Tanz, und eine wahrhaft ‚auserlese' Gesellschaft fand sich hier dann zum ‚Scherbeln' ein. Die „Rolle" bildete bald den Sammelpunkt aller schlechten und lichtscheuen Elemente der Hasenheide, und ohne blutige Köpfe ging es selten am Sonntagabend ab. Ein Messerstich war hier jederzeit gefällig. Ich erinnere mich noch sehr deutlich, daß ich mir jedesmal, wenn mich mein journalistischer Beruf in die ‚Rolle' führte, vorsichtshalber einen Revolver einsteckte".[36]

## Die Hasenheide

Bis zur Mitte des 19. Jahrhunderts war die Hasenheide ein weitläufiges Heide- und Waldgebiet vor den Toren Berlins. Auf den sandigen Böden in den Kiefernhainen eröffnete im Juni 1811 ein 33-jähriger Hilfslehrer den ersten öffentlichen Turnplatz in deutschen Landen. Friedrich Ludwig Jahn, der spätere „Turnvater", sah in der Leibesertüchtigung in erster Linie eine Wehrhaftmachung der Jugend für die deutsche Nation. Jahn geriet später, während der Zeit der „Demagogenverfolgung", als Verfechter der deutschen Einheit politisch in Misskredit, wurde jedoch 1842 vom preußischen König rehabilitiert. Seine zeitweilig verbotene Turnkunst wurde wieder zugelassen und 1872 bekam Friedrich Ludwig Jahn ein Denkmal in der Hasenheide gesetzt, das dort noch immer steht. Im Gegensatz zu seinen Leistungen als Sportpionier werden sein aggressiver Nationalismus und Antisemitismus jedoch eher selten thematisiert.

Mit dem Bau der Chaussee zwischen Halleschem Tor und Herrmannplatz wurde die Hasenheide 1854 verkehrstechnisch an Berlin angebunden. Rasch entwickelten sich die Kiefernwälder zum bevorzugten Naherholungsgebiet der Großstädter. Auf die ersten Rummelbuden folgten Garten- und Vergnügungslokale. Die Bergbrauerei, Theater bei Reinhardt und in Kliems Festsälen, Hasenbecks Tierschau, eine Rollschuh- und eine Pferderennbahn, zahllose

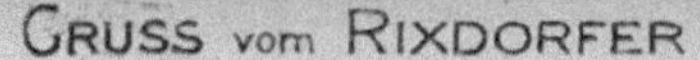


**Auf den Sonntag freu' ick mir,**
ja, dann geht es raus zu ihr,
feste mit vergnügtem Sinn,
**Pferdebus** nach **Rixdorf** hin.
Dort erwartet **Rieke** mir,
ohne Rieke kein Plaisir.

Rieke, Riekchen, Riekake,
die ist mir nicht pipape! —
Geh' mit ihr ins **Tanzlokal**,
Rieke, Riekchen woll'n mir mal,
kost'n Groschen nur,
für die ganze Tour.
Rieke lacht und sagt, na ja!
dazu sind wir auch noch da,
und nu geht er mit avec,
immer feste weg!

In Rixdorf is' Musike. Postkarte um 1900 mit dem Text des beliebten Gassenhauers

Artisten, Orchester und zweifelhafte Sensationsdarbietungen machten die Hasenheide zu einem „Ku'damm der kleinen Leute". Besondere Berühmtheit erlangte die Neue Welt – sie entwickelte sich schnell zu einer der zentralen Versammlungsstätten der Berliner Arbeiterbewegung, was Reichskanzler Otto von Bismarck zu seinem berühmten Ausspruch veranlasste, „Die deutsche Politik wird nicht in der Hasenheide gemacht".
Das ehemals ausgedehnte Waldgebiet schrumpfte zusehends in seiner Größe: Zunächst 1866 durch die Einrich-

tung des türkischen Friedhofes, der ursprünglich für die osmanischen Gesandten am preußischen Hof vorgesehen war und heute die älteste islamische Ruhestätte Deutschlands ist. Später durch die Anlage großflächiger Schießplätze und nicht zuletzt durch die zunehmende Randbebauung im Zuge der Verschmelzung Berlins mit seinen Vorstädten. Die großen, „wilden" Rummelplätze starben langsam aus, trotzdem blieb die Umgebung der Hasenheide mit ihren Festsälen und Brauereilokalen noch lange Zeit ein beliebtes Amüsierviertel.

In den 1930er-Jahren schließlich wurden die Pläne für einen Volkspark in die Tat umgesetzt und Teile der Hasenheide parkartig umgestaltet. Nach Unterbrechung durch den Krieg konnten die Arbeiten erst 1951 fortgesetzt werden. Der typische märkische Kiefernwald musste Laubbäumen weichen und die heute noch charakteristische lockere Aufteilung in Liegewiesen, Spielplätze und verzweigte Wegenetze entstand. Die Rixdorfer Höhe im Westen des Volksparks Hasenheide ist übrigens ein Vermächtnis des Zweiten Weltkrieges – 650.000 Kubikmeter Trümmerschutt wurden dort von Notstandsarbeitern aufgehäuft.

Die großen Tage der Hasenheide und ihrer Umgebung als Amüsiermeile sind lange gezählt. Lediglich mit den Neuköllner Maientagen findet dort seit 1965 alljährlich noch ein Volksfest statt. Dafür leidet die Hasenheide unter einem zweifelhaften Ruf. Obwohl beliebter Erholungspark mit Tiergehege, Open-Air-Kino und Spielplätzen, tritt sie in den Medien vor allem als einer der größten und bekanntesten Drogenumschlagplätze Berlins in Erscheinung.[37]

Der schlechte Ruf Rixdorfs beunruhigte schon um 1900 zusehends die Gemüter des um ein besseres Image bemühten Bürgertums. Dass sogar auf einem Schiff mitten im Stillen Ozean „die an Bord [...] befindlichen Kanaken den ‚Rixdorfer' tanzten und den Text in malaischer Sprache dazu sängen", kommentierte die Rixdorfer Zeitung wie folgt: „Wie allein dieser wüste Gassenhauer [...] unserem Orte geschadet hat, ist kaum zu beschreiben".[38] Dazu kam die hemdsärmelig und „unzivilisierte" Art der Bevölkerung, die sich um feine Umgangsformen wenig scherte. In den „Schmalzstullentheatern", den billigen proletarischen Unterhaltungsetablissements, brachten die Besucher ihre eigenen Malzeiten mit. Ein amtlicher Bericht beklagte die Manieren des Rixdorfer Publikums, dass „sich nicht in einem Theater, sondern in einem Tanzsaal" wähnte, nicht „rechtzeitig die Plätze einnimmt", „von Platz zu Platz Besuche abstattet ohne Rücksicht auf die Darsteller", „Heiterkeitsausbrüche bei ergreifenden Szenen" zeigte, Kinder mitbrachte und „bei offner Scene Butterbrote aus[...]wickelt und verzehrt".[39]

Zur Hebung des städtischen Ansehens, dem Zuzug steuerkräftigeren Publikums und der wirtschaftlichen Entwicklung wurde eine Umbenennung der Stadt erwogen. Federführend hierbei war der Rixdorfer Grundbesitzerverein, der bereits 1907 eine entsprechende Eingabe an den Magistrat gemacht hatte. Im Dezember 1910, nach einem wiederholten Antrag, kam die Sache schließlich ins Rollen. Nach monatelangem Plenieren behördlicher Gremien richtete Oberbürgermeister Curt Kaiser ein Gesuch um Namensänderung

Neuköllner Stadtbad. Die 1914 eröffnete Badeanstalt im römischen Stil war für etwa 10.000 Gäste pro Tag ausgelegt und reich mit Marmor und Mosaiken verziert.

an den Regierungspräsidenten in Potsdam und Kaiser Wilhelm II. „Durch das Vorurteil gegenüber dem Namen Rixdorf", so der Oberbürgermeister in seinem Schreiben, erwachse der „wirtschaftlichen Entwicklung außerordentlicher Schaden". Der bürgerliche Mittelstand wolle nicht in Rixdorf wohnen, das Gefahr laufe, mehr und mehr zu einer vollständigen Arbeitersiedlung zu werden. Als neue Namen standen Rixstadt, Altstadt, Märkisch-Kölln, Rexstadt, Berlin-Neustadt, Rixtow, Cöllnwies, Rexdorf, Richardshausen und Neukölln zur Auswahl. Man entschied sich für Neukölln. In dem neuen Ortsnamen sollte die Beziehung Rixdorfs zur alten Berliner Schwesterstadt Cölln zum Ausdruck kommen.

Am 26. Januar 1912 wurde dem Magistrat schließlich mitgeteilt, dass seine Majestät Wilhelm II. zum nächsten Tag – seinem Geburtstag – die Änderung des Ortsnamens zu genehmigen geruhe. Am 27. erbot der Kaiser der frischgebackenen Neuköllner Bürgerschaft seine vaterländischen Grüße – Rixdorf war offiziell Vergangenheit.

So wenig diese Namenskosmetik an den sozialen Ursachen des schlechten Images rührte, so wenig hatten die Stadtoberen in ihrem Eifer offenbar die erheblichen Schwierigkeiten bedacht, die mit der Umbenennung einer Großstadt verbunden sein würden: Zahlreiche ortsansässige Unternehmen, beispielsweise die Deutsche Linoleum- und Wachstuch-Compagnie, deren „Rixdorfer Linoleum" weltweit verkauft wurde, befürchteten durch die Namensänderung schwere Geschäftsschädigungen. Auch die Oehlmann'sche

Maschinenfabrik in der Kaiser-Friedrich-Straße beschwerte sich darüber, dass ihre ganze bisherige Reklame umsonst gewesen sei. Oehlmann, der für sich in Anspruch nahm, im Auftrag vieler Rixdorfer Industrieller und Fabrikanten zu sprechen, war ob der Namensänderung, die nur ein paar Beamten zuliebe vorgenommen worden sei, äußerst aufgebracht; im ganzen Land mache man sich mit dieser Geschichte lächerlich. Der Postkartenhändler Alwin Adloff aus der Hermannstraße blieb auf 10.000 Rixdorfer Grußkarten sitzen und forderte vom Magistrat den Ersatz seiner finanziellen Ausfälle. Darüber hinaus kam es zu Problemen beim Post- und Güterverkehr: So war etwa dem Güterbahnhof von Frankfurt an der Oder noch im März 1912 kein Bestimmungsort namens Neukölln bekannt. „Das konntest Du mir auch gleich schreiben, dass ihr noch Rixdorfer seid“, schrieb ein Frankfurter Tischler an seinen Bruder, nachdem seine Sendung zurückgekommen war.

Genauso wenig wie aus dem täglichen Sprachgebrauch der Bevölkerung war der alte Ortsname aus vielen Bereichen des öffentlichen Lebens zu tilgen. Ein gutes Jahr nach der Umbenennung schickte Stadtbaurat Weigand die Polizei auf die Suche nach eventuellen Namensverweigerern. In vielen Fällen wurden sie fündig: Firmenschilder, Reklametafeln, aber auch Straßenbahnwagen und sogar städtische Verwaltungsstellen enthielten noch die alte Ortsbezeichnung. „Zu keiner Zeit verschwand der Name Rixdorf aus dem Straßenbild, noch aus dem Gedächtnis der Einwohner“, stellte Weigand in seinem Bericht an den Bürgermeister fest.

## Der letzte „Rixdorfer“.

„Komm, Rieke, nu woll'n wa noch mal schnell den ollen „Rixdorfer“ drehn — da hinten komm'n schon de Neuköllner!“

Satirischer Abgesang auf das alte Rixdorf aus der Berliner Allgemeinen Zeitung.

Auf den Austausch der 2.500 Kanalisationsdeckel der Stadt mit der Aufschrift Rixdorf wurde jedoch verzichtet – die Kosten hierfür hätten sich auf knapp 50.000 Mark belaufen.[40]

Das Jahr 1912 hatte indes noch weitere Reizthemen für die inzwischen 253.000 Zwangsneuköllner zu bieten. Die gespannte politische und wirtschaftliche Lage am Vorabend des Ersten Weltkrieges wirkte sich zuerst in steigenden Lebensmittelpreisen aus. Der Vorwärts, das Zentralorgan der SPD, wetterte im August 1912 „Wider den Fleischwucher der Agrarier und Großschlächter".[41] Die staatliche Schutzzollpolitik hatte die Lebensmittelpreise derart in die Höhe getrieben, dass sich der Neuköllner Magistrat zum Import billigeren russischen Rindfleisches entschied, dessen Qualität jedoch von der Bevölkerung stark in Zweifel gezogen wurde.[42]

Zugleich erlahmte die Wirtschaft, das Baugewerbe stagnierte, die Arbeitslosigkeit stieg an. Dennoch rüstete das Deutsche Reich massiv auf – Militarismus und Großmachtstreben gingen ihrem Höhepunkt entgegen. Für den 20. Oktober 1912 riefen die Sozialdemokraten zu einer Massenversammlung gegen „Volksentrechtung, Volkselend und Kriegsgefahr" im Treptower Park auf. 250.000 Teilnehmer erinnerten Kaiser Wilhelm II. an sein Versprechen, dass Drei-Klassen-Wahlrecht abzuschaffen. Zentrales Thema jedoch war die Furcht vor einer Ausweitung des seit kurzem tobenden Balkankrieges.[43] Auch lokalpolitisch konnte die SPD ihre Anhänger mobilisieren. Bei der Reichstagswahl vom Januar 1912 hatte sie in Neukölln mit 48.000 Stimmen der

65.000 Wahlberechtigten eine überwältigende Mehrheit erzielen können.

Die Sozialisten aller Länder propagierten die internationale Solidarität der Arbeiter, und so führte eine Reihe von Friedenskundgebungen den populären französischen Sozialisten Jean Jaurès am 17. November 1912 in die überfüllte Neue Welt.[44] Den Weltkrieg hielten sie damit nicht auf.

Am 1. August 1914 erfolgte die deutsche Kriegerklärung an Russland und die allgemeine Mobilmachung. Von der internationalen Solidarität war nicht mehr die Rede und auch die Sozialdemokraten bewilligten im Reichstag in den Folgejahren mehrheitlich die nötigen Kriegskredite.

Während der vier Kriegsjahre wurde in Neukölln genauso gehungert und gelitten wie (fast) überall in der deutschen Kriegsgesellschaft. Die Zwangsbewirtschaftung der Lebensmittel verschlechterte die ohnehin schon dürftige Ernährungslage dramatisch. Der Magistrat richtete zwölf Volksküchen ein, gab Kriegskochkurse und verteilte Kriegskochbücher – mit geringem Erfolg. Aufgrund der chronischen Unterernährung gab es bald mehr Sterbefälle als Geburten. Zum ersten Mal in der Entwicklung der Stadt sank die Bevölkerungszahl.[45]

1917 erklärte eine Neuköllner Denkschrift schließlich den Zusammenbruch der Versorgung, was eine Klage des zuständigen Staatssekretärs wegen „vaterlandsverräterischer Behauptungen" nach sich zog. Angesichts der prekären Situation kam es sogar zu einer Kooperation zwischen der Stadtverwaltung und den Sozialdemokraten. Neukölln war die treibende Kraft allgemeiner Reformbestrebungen in Bezug auf die Zwangsbewirtschaftung der Lebensmittel geworden.[46]

In den vier Kriegsjahren waren mindestens 45.000 Neuköllner Männer (die genaue Zahl lässt sich nicht bestimmen) an der Front; das war etwa ein Sechstel der Gesamtbevölkerung. Rund 6.600 fielen dem barbarischen Gemetzel zum Opfer.[47] Die Arbeit an der „Heimatfront“ blieb derweil an den Frauen hängen. Nach wie vor politisch entrechtet, übernahmen sie die Aufgaben der Männer, von der Industriearbeiterin bis hin zur Straßenbahnschaffnerin. Auch ein Großteil der Lehrer war an der Front. In acht der Gemeindeschulen wurden Soldaten einquartiert, an einen geregelten Schulalltag für die Kinder war nicht mehr zu denken.[48] Der Festsaal der Neuen Welt diente nicht mehr politischen Versammlungen, sondern als Lazarett. Das zivile Leben war völlig aus den Fugen geraten.

Die angestaute Frustration der ausgehungerten und kriegsmüden Massen entlud sich schließlich in der Novemberrevolution 1918. Der Kaiser hatte abgedankt, die Republik wurde ausgerufen und in Neukölln konstituierte sich, wie vielerorts, ein Arbeiter- und Soldatenrat (ASR). In der Nacht des 9. November besetzten meuternde Soldaten die städtische Druckerei und druckten dort die erste (und einzige) Ausgabe der „Weltrevolution. Publikationsorgan des Arbeiter- und Soldatenrates Neukölln“.[49]

Die königlich-preußische Polizeidirektion an der Sonnenallee/Ecke Wildenbruchstraße, seit 1902 Symbol staatlichen Machtanspruchs in der unbequemen Stadt, brachten die Revolutionäre ebenfalls unter ihre

Weihnachten 1914 in der Neuen Welt

## Weltrevolution

*Aufruf des Arbeiter- und Soldatenrates Neukölln vom 10. November 1918 mit revolutionären Forderungen an die provisorische Regierung:*

**Arbeiter, Soldaten und Bürger Neuköllns!**

Die Ehre des deutschen Proletariats ist gerettet. Nach 4 Jahren Kriegsfurie hat sich das deutsche Volk aufgerafft und sich von seinen Sklavenhaltern befreit. Ein Tag von ungeheurer Bedeutung! Jetzt gilt es aber, diesen Sieg festzuhalten. Es heißt den Sieg versanden lassen, alle revolutionären Opfer umsonst gebracht haben, wollte man nicht diese Errungenschaften in sozialistische Bahnen lenken. Niemals war der Augenblick günstiger, die Volksherrschaft zu errichten. Dazu gehört natürlich nicht nur, daß man Arbeiter- und Soldatenräte schafft, sondern daß man überall alle öffentlichen Ämter und Fabriken unter die Kontrolle der Arbeiter stellt. Zur sicheren Durchführung all dieser sozialen Maßnahmen ist sofortiger Friede von ungeheurer Bedeutung. Der Arbeiter- und Soldatenrat Neuköllns fordert deshalb von der provisorischen Regierung folgendes:

1. Sofortiger Waffenstillstand.
2. Ein Friedensvorschlag an die Völker und Regierungen der Alliierten.
3. Die Friedensdelegation hat zu bestehen aus den Delegierten der Arbeiter- und Soldatenräte.
4. Aufhebung des Brest-Litowsker Friedens und Zurückgabe der von Rußland gewaltsam abgetrennten Gebiete.
5. Vereinigung der mitteleuropäischen Staaten, Rußland einbegriffen, zur gemeinsamen Friedensaktion.
6. Sicherstellung der Ernährung durch Enteignung des Großgrundbesitzes und Kontrolle der Arbeiter und Soldaten zur sicheren Bekämpfung des Schleichhandels.
7. Enteignung der Kapitalisten, Abschaffung des Privateigentums und Übergabe sämtlicher Produktionsmittel und Gebrauchsgüter in die Hände des Volkes.
8. Annullierung sämtlicher Staatsschulden von 10000 Mark an.
9. Reichstag und frühere gesetzgebende Korporationen sind als aufgelöst zu betrachten.
10. Ausgestaltung der Arbeiter- und Soldatenräte durch Wahl von Arbeiter- und Soldatendelegierten. Zur Wahl der Arbeiter- und Soldatenräte schreitet das gesamte

erwachsene werktätige Volk in Stadt und Land ohne Unterschied der Geschlechter.

11. Diesem ist die gesetzgebende Gewalt zu übertragen.
12. Entwaffnung der gesamten Polizei, sämtlicher Offiziere sowie der Soldaten, die nicht auf dem Boden der neuen Ordnung stehen; Bewaffnung des Volkes; alle Soldaten und Proletarier, die bewaffnet sind, behalten ihre Waffen.
13. Übergabe aller Waffen- und Munitionsbestände sowie aller Rüstungsbetriebe an den Arbeiter- und Soldatenrat.
14. Kontrolle über alle Verkehrsmittel durch den Arbeiter- und Soldatenrat.
15. Abschaffung der Militärgerichtsbarkeit; Ersetzung des militärischen Kadavergehorsams durch freiwillige Disziplin der Soldaten unter Kontrolle des Arbeiter- und Soldatenrates.
16. Abschaffung aller Dynastien und Einzelstaaten; unsere Parole lautet: einheitliche sozialistische Republik Deutschlands.
17. Sofortige Aufnahme der Verbindung mit allen in Deutschland bestehenden Arbeiter- und Soldatenräten und den sozialistischen Bruderparteien des Auslandes.
18. Sofortige Rückberufung der russischen Botschaft nach Berlin.

Arbeiter und Soldaten!

Wir hoffen von euch, daß ihr diese eure Forderungen mit der ganzen revolutionären Kraft, die ihr bewiesen habt, durchsetzen werdet. An euch liegt es, auf der Grundlage die neue Weltordnung aufzubauen. Wir haben nichts mehr zu fordern, sondern wir haben durchzuführen, nicht mehr zu verhandeln, sondern zu handeln.

Darum auf zur neuen Arbeit und zu neuen Taten.

Der Arbeiter- und Soldatenrat Neukölln
Fr. Haberland M. Zirkel Sergeant Herzog

Quelle: „Weltrevolulion", Publikationsorgan des Arbeiter- und Soldatenrats Neukölln, Nr. 1 vom 10. November 1918.

Kontrolle. Die sechs Tonnen Akten der politischen Abteilung, die sich in jahrelanger Überwachung der Neuköllner Arbeiterbewegung angesammelt hatten, waren jedoch schon beiseite geschafft worden.[50] Mit der Besetzung des Rathauses sah sich der Magistrat gezwungen, dem ASR die Zusammenarbeit anzubieten. Die alte Stadtverwaltung selbst blieb bestehen, Neukölln hatte somit zwei oberste Verwaltungsgremien. Der revolutionäre Rat setzte sich aus desertierten Soldaten sowie je 24 Mitgliedern von SPD und USPD (Unabhängige Sozialdemokratische Partei Deutschlands) zusammen – hier lagen bereits die ersten Probleme begraben. Denn die USPD hatte sich 1917 von der Mutterpartei abgespalten, da sie deren Kriegsunterstützung nicht mehr hatte mittragen wollen. Vorerst jedoch nahm der Rat einmütig seine Arbeit auf. Die vier Abteilungen – für Ernährungsfragen, Arbeitslosigkeit, Wohnungsfragen und allgemeine Verwaltung – bezogen ihre Plätze im Neuköllner Rathaus.

Während im Hintergrund der SPD-Vorsitzende und neue Reichskanzler Friedrich Ebert gemeinsam mit dem Chef der Obersten Heeresleitung, General Wilhelm Groener, an der Liquidierung der Revolution arbeitete, erhielt der Neuköllner ASR am 25. November eine neue Zusammensetzung – ohne die SPD. Alle 48 parteigebundenen Mitglieder stammten nun von der USPD, die, zusammen mit der von Karl Liebknecht und Rosa Luxemburg geführten Spartakusgruppe, eine politische Umgestaltung hin zur Räterepublik vorantrieb. Am 6. Dezember legte der ASR eine eigene Verfassung vor und rief die „Republik Neukölln“ aus. Neben Beschwerden beim Rat der Volksbeauftragten, (…) versuchte der Magistrat, durch gezielte Desinformationskampagnen die Bevölkerung vom ASR zu entfremden.[51] Der Haus- und Grundbesitzerverband Neuköllns ging einen anderen Weg; „Neu-Moskau enteignet sämtliche Hausbesitzer" lauteten die Zeitungsschlagzeilen, nachdem der ASR-Vorsitzende Haberland eben dies gefordert hatte[52] – man finanzierte einen Putsch. Am 16. Dezember 1918 besetzten konterrevolutionäre Militäreinheiten Rathaus, Polizeipräsidium, das Parteibüro der USPD und weitere strategische Punkte in Neukölln. Ein Blutbad konnte nur in letzter Sekunde durch Intervention des Berliner Polizeipräsidenten und USPD-Angehörigen Emil Eichhorn verhindert werden, der nach Beschwerden des Arbeiter- und Soldatenrates die Truppen zurückbeordert hatte.[53]

Die reichsweiten Wahlen zur verfassungsgebenden Nationalversammlung waren der Anfang vom Ende der Republik Neukölln. Bereits zwei Tage zuvor, am 17. Januar 1919, war erneut Militär in die „Spartakushochburg" eingerückt. Der Belagerungszustand wurde verhängt, Häuser und Versammlungen durchsucht, Waffen beschlagnahmt, willkürlich verhaftet, misshandelt und erschossen. Am Hertzbergplatz fanden Kämpfe statt, mit Toten auf beiden Seiten – wie viele Opfer die Besetzung Neuköllns durch die 17. Infanterie-Division am Ende gefordert hat, ist nicht bekannt.[54] Die Nationalversammlung wurde wie vorgesehen gewählt und die Errichtung einer Räterepublik rückte somit in weite Ferne. Der ASR bestand dennoch weiter fort. Im März 1919 schließlich rückte das Freikorps Hülsen in die renitente Stadt ein. Im Laufe der Besatzung verwüsteten die Soldaten die 31. Gemeindeschule in der Rütlistraße. Beim Wurf von Nebelgranaten in eine Gruppe hungriger Kinder, die vor der Schule in der Elbestraße um das restliche Essen aus der Feldküche bettelten, wurden mehrere von ihnen zum Teil schwer verletzt. Die Neuköllner Bevölkerung leistete nur noch vereinzelt Widerstand, die Macht der revolutionären Räte ging ihrem Ende zu. Am 7. November 1919 wurde der kümmerliche Rest des Arbeiter- und Soldatenrates unter Tumulten von der offiziellen Stadtverordnetenversammlung aufgelöst.[55]

# Neukölln in der Weimarer Republik – Radau und Reformgeist

Am 1. Oktober 1920 wurden durch das Groß-Berlin-Gesetz acht Städte, 59 Landgemeinden und 27 Gutsbezirke zu einer Verwaltungseinheit zusammengefasst. Groß-Berlin war damit nicht nur die größte Industriemetropole in Europa, sondern mit annährend 3,9 Millionen Einwohnern die bevölkerungsreichste Stadt der Welt nach London und New York. Der Architekturkritiker Werner Hegemann sprach angesichts des gigantischen Häusermeeres von „der größten Mietskasernenstadt der Welt“.[56]

Die vormals eigenständige Stadt Neukölln bildete mit den Landgemeinden Britz, Rudow und Buckow den vierzehnten der zwanzig neuen Verwaltungsbezirke. Der Name Neukölln bezeichnet seither sowohl den gesamten Bezirk, als auch den urbanen, hochverdichteten Ortsteil im Norden, das ehemalige Rixdorf; mit 265.000 Einwohnern stellte es den mit Abstand größten Bevölkerungsanteil, die drei Landgemeinden zusammen kamen auf gerade einmal 18.000.[57] Die 1920 geschaffenen Gebietsgrenzen hat Neukölln übrigens bis heute als einziger der Berliner Stadtbezirke weitgehend beibehalten – und damit die deutlichen Unterschiede zwischen seinem südlichen und nördlichen Teil.

De facto war das Ballungszentrum Berlin schon vor Schaffung der Einheitsgemeinde zu einer riesigen Stadt zusammengewachsen. Seit 1912 bestand der Zweckverband Groß-Berlin, zu dem auch Neukölln gehörte und der die dringend notwendig gewordene Koordination von Verkehr und Bebauung zum Ziel hatte. Während des Ersten Weltkrieges existierte sogar eine „Brotkartengemeinschaft Groß-Berlin“, doch die Verhandlungen zum endgültigen Zusammenschluss gestalteten sich schwierig. 1920 schließlich hatten die wohlhabenden Vorortgemeinden wie Zehlendorf oder Schöneberg ihren Widerstand aufgegeben, mit chronisch klammen Städten wie Neukölln zusammengelegt zu werden.[58]

Die Bezirksverordnetenwahl vom Oktober 1921 – erstmals nach freiem und gleichem Wahlrecht – brachten den drei sozialistischen Parteien in Neukölln die absolute Mehrheit: 17 Sitze gingen and die SPD, 14 an die USPD und neun erhielt die Kommunistische Partei Deutschlands (KPD). Die restlichen 14 Sitze teilten sich die Vertreter des Bürgertums, Deutschnationale Volkspartei (DNVP) und Deutsche Volkspartei (DVP). Bezirksbürgermeister wurde der Sozialdemokrat Alfred Scholz, der dieses Amt bis 1933 inne haben sollte.[59]

Der Mythos vom „roten Berlin“ als Hauptstadt der deutschen Arbeiterbewegung wurde besonders von stark proletarisch geprägten Stadtteilen wie Neukölln, Wedding und Friedrichshain genährt. Dennoch war Berlin eine eigentümlich heterogene Stadt – ausschließlich von Arbeitern bewohnte Viertel, wie etwa um die Ruhrzechen, gab es dort nicht. Der Dreiviertelring der Arbeiterbezirke (auch Wilhelminischer Mietskasernengürtel genannt), der sich von Wedding im Norden bis Neukölln im Süden erstreckte, unterschied sich zwar stark von den vornehmen Wohngebieten im Südwesten, dennoch wiesen beide Teile der Stadt immer einen gewissen Grad an gesellschaftlicher Durchmischung auf. Baulicher Ausdruck dessen war das typische Berliner Mietshaus, mit den besser Begüterten im Vorderhaus und zunehmender Armut und Verelendung, je weiter man in die oft tief gestaffelten Hinterhöfe kam. Zudem gab es auch in den bürgerlichen Stadtteilen proletarische Enklaven, wie der „Kleine Wedding“ in Charlottenburg oder die „Rote Insel“ in Schöneberg. Die soziale Heterogenität der Berliner Bezirke lässt sich am besten an den beiden Extremen aufzugeigen: Der berühmte „Rote Wedding“ kam mit dem höchsten Arbeiteranteil auf gerade einmal 58,4%,[60] das bürgerliche Wilmersdorf immer noch auf 26,3%.[61] Nach dem Zensus von 1925 stellten Arbeiter und Hausangestellte in Neukölln 53,0% der Bevölkerung, 24,9% entfielen auf Beamte und Angestellte.[62] Doch da die Daten lediglich als Durchschnittswerte für den gesamten Bezirk erhoben wurden, sagen sie letztlich wenig über die Sozialstruktur einzelner proletarischer Quartiere im Norden

Neuköllns, wie etwa dem Rollbergviertel, aus. Dort lag der Arbeiteranteil ungleich höher.

Eine weiterer Gradmesser für die Heterogenität des Bezirkes ist das Wahlverhalten. Bei den Reichstagswahlen vom Dezember 1924 erreichte die DNVP 16,4%, die als Nationalsozialistische Freiheitsbewegung auftretende Hitler-Bewegung 1,3%. Das katholische Zentrum, die Deutsche Demokratische Partei, die DVP, die Wirtschaftspartei und Sonstige kamen zusammen auf 20,1%. Demnach hatten ganze 37,8% der Stimmberechtigten im „roten Neukölln" keine der beiden sozialistischen Parteien gewählt.[63]

Dennoch war gerade das nördliche Neukölln eine Hochburg der traditionsreichen Arbeiterbewegung. Die Historikerin Eve Rosenhaft hält Neukölln für einen Schlüsselbezirk der kommunistischen Organisation Berlins.[64] Dort lag die mit 2.000 Angehörigen reichsweit größte Abteilung des Roten Frontkämpferbundes (RFB), des paramilitärischen Armes der KPD, dazu kam noch das etwa 1.000 Mitglieder starke Reichsbanner Schwarz-Rot-Gold als sozialdemokratisches Pendant.[65]

In den 1920er-Jahren erlebte die Arbeiterkultur auch in Neukölln ihren Höhepunkt. Dort gab es zahlreiche Arbeitergesangs- und Bildungsvereine, die Wandersparte des Traditionsvereins „Fichte", den Arbeitersportverein Neukölln und besonders im Rollbergviertel beinahe an jeder Straßenecke ein kommunistisches Versammlungslokal. In dieser Vielfalt des proletarischen Milieus spiegelte sich auch die politische Spaltung und Uneinigkeit wider: Revolutionäre Kommunisten stritten mit reformorientierten Sozialdemokraten, daneben existierten in der Neuköllner Subkultur die kleine Sozialistische Arbeiterpartei, die Roten Kämpfer, der Internationale Sozialistische Kampfbund und eine kommunistische Partei-Opposition. Dazu kamen noch einzelne Grüppchen von Trotzkisten und Anarchisten – letztere vertreten durch den Anarchosyndikalisten Rudolf Rocker sowie den unbeugsamen Rebellen und Dichter Erich Mühsam, die beide in Britz lebten.[66] Im Rollbergviertel, Ziethenstraße 64, war das Lokal Köhler jeden Donnerstag Treffpunkt der Anarchistischen Vereinigung Berlins. Dort hielt der junge Herbert Wehner einmal eine Vorlesung zum Thema „Zurück zu Bakunin"[67] – der wortgewaltige und berüchtigte Wehner war später in der Bundesrepublik jahrelang Fraktionsvorsitzender der SPD im Bundestag.

Der sozialdemokratisch dominierte Neuköllner Magistrat hatte zu Beginn seiner Arbeit mit dem geballten Erbe der Missstände aus Kaiserzeit und Krieg umzugehen. Die Menschen waren von den Hungerjahren ausgemergelt, tausende Kriegswaisen mussten versorgt werden und der Flüchtlingszustrom aus den abgetrennten Ostgebieten des Reiches nach Berlin trieb die Wohnungsnot einem neuen Höhepunkt entgegen. Ab 1914 war der Wohnungsbau fast vollständig zum Erliegen gekommen, dagegen betrug der durchschnittliche jährliche Zuzug in die Reichshauptstadt 80.000 Personen.[68] Noch 1927 standen 1,3 Millionen Haushaltungen nur 1,2 Millionen Wohnungen gegenüber – etwa 100.000 Haushalte hatten keinen eigenen Wohnraum.[69] Die Zustände waren besonders für die Kinder katastrophal.

Schalmaienkapelle des Roten Frontkämpferbundes im Neuköllner Körnerpark.

1922 ergab die ärztliche Untersuchung von Neuköllner Schulanfängern bei 3,2% Tuberkuloseerkrankungen – 1914 waren es noch 0,5% gewesen. Ähnlich sah es bei anderen Krankheiten sowie allgemeiner körperlicher und geistiger Unterentwicklung aus. Meist waren dies Folgen chronischer Unterernährung. Der Berliner Oberbürgermeister Gustav Böß beklagte einen „Mangel an Konzentrationsfähigkeit und Willensstärke, Nachlassen der Merkfähigkeit, Verwischung sittlicher Begriffe, Lügenhaftigkeit und Unehrlichkeit“ sowie „geschlechtliche Verfehlungen“ der Großstadtjugend, die ihm in „erschütternde[n] Berichte[n] der Schulschwestern“ zu Ohren gekommen seien.[70] Der Kosmopolit und Kunstmäzen Harry Graf Kessler prangerte in seiner Schrift „Die Kinderhölle in Berlin“ die „körperliche Verkommenheit“ und die „Untermenschlichkeit“ an, in die „eine ganze Generation Berliner und deutscher Kinder durch den Hunger verstoßen worden ist“.[71] Die Hyperinflation von 1923 verschlimmerte die ohnehin schon desolate Lage noch. Bereits im Jahr zuvor war es zu einer sprunghaften Verteuerung der Lebensmittel gekommen, Plünderungen und Hungerkrawalle nahmen zu. Die Neuköllner Polizeiinspektion berichtete, „daß es in Zeiten politischer und wirtschaftlicher Unruhen in Neukölln stets zuerst von ganz Berlin zu groben Ausschreitungen und Plünderungen gekommen ist“.[72] Der Hunger trieb die Menschen immer öfter auf die Felder des Umlandes, so dass die Bauern schließlich Polizei und Reichswehr zum Schutz ihrer Äcker vor Kartoffeldieben anforderten. Im Oktober 1923 kam es auf einem Feld zwischen Britz und Rudow zu einem folgenschweren Konflikt. Laut Berliner Lokalanzeiger hatte sich folgendes zugetragen:

„Kurz nach 6 Uhr rückten weit über 1000 Personen mit Kartoffelhacken und Schaufeln und Säcken an, um dort das Feld zu plündern. Vier Beamte wehrten diesem Vorhaben. Ein Arbeiter, der sich besonders renitent benahm, wurde von einem Beamten nach der Polizeiwache geführt. Kaum war der Beamte mit dem Arbeiter auf dem Weg nach der Wache, so fielen zahlreiche andere Personen über den Wachtmeister, der an der anderen Ecke stand, her und bedrohten ihn mit ihren Werkzeugen. In höchster Not gab der Beamte mehrere Schüsse auf die Angreifer ab. Ein Schuß streckte den 13jährigen Knaben Karl H. ... aus ... Neukölln tot zu Boden. Die 15jährige Anna B. ... aus ... Neukölln wurde durch eine andere Kugel schwer verletzt. Die Menge stob auseinander und flüchtete".[73]

Der Neuköllner „Pöbel" hatte wieder mal seine Schlagzeilen. Erst in den Jahren trügerischer wirtschaftlicher und politischer Stabilität von 1924 bis 1928 verbesserten sich Einkommenslage und Lebensmittelversorgung der Menschen allmählich.

In der Blütezeit der Weimarer Republik setzte der experimentierfreudige Neuköllner Magistrat eine wegweisende Reformpolitik in vielen Bereichen der Gesellschaft um.

Zur Anhebung der Lebensqualität wurden Spielplätze, ein „Haus der Jugend" und städtische Heime gebaut, sowie Vorträge, Konzerte und Theateraufführungen für die breite Bevölkerungsmehrheit veranstaltet. Dem Mangel an Grünanlagen und einladend

„Licht, Luft und Sonne". Das Neuköllner Taut-Haus war sozialreformerischen Ideen verpflichtet.

gestalteten öffentlichen Plätzen begegnete die Bezirksverwaltung u.a. mit dem Ausbau des Körnerparks, des Venusplatzes am Bahnhof Köllnische Heide sowie der Verschönerung von Plätzen und der Schillerpromenade. Im Juni 1925 konnte am Rande des Tempelhofer Feldes ein Volkspark eröffnet werden, mit Freilichtbühne, Rodelbahn und Spielwiese. An der Oderstraße wurde fünf Jahre später ein Stadion für 25.000 Besucher eingeweiht und der Britzer Gutspark der Öffentlichkeit zugänglich gemacht.[74]

In Bezug auf die Wohnraumfrage sorgten nun öffentliche Bauträger und gemeinnützige Gesellschaften für preiswerte Unterkünfte – im Gegensatz zu profitorientierten Privatiers, wie es zuvor mehrheitlich der Fall gewesen war. Die Grundlagen für den sozialen Wohnungsbau waren in Neukölln bereits gelegt. 1901 hatte sich der „Rixdorfer Spar- und Bauverein" gegründet (der noch heute als „Gemeinnützige Wohnungsgenossenschaft Neukölln" existiert), ein Jahr darauf folgte der „Beamten-Wohnungs-Verein zu Rixdorf". Auf der Grundlage gemeinschaftlichen Eigentums und sozialreformerischer Ideen entstanden so schon vor 1914 Wohnhäuser in der Schandauer- und Weserstraße und der Sonnenallee. Eine weitere Neuköllner Baugenossenschaft war die „Ideal". 1907 auf Initiative von Mitarbeitern der Rixdorfer Ortskrankenkasse gegründet, die ja beste Einblicke in die katastrophalen hygienischen Zustände der meisten Neuköllner Wohnhäuser hatten, erbaute die Genossenschaft bis 1908 die Ideal-Passage zwischen Fulda- und Weichselstraße. Nach den Plänen von Willy und

Paul Kind entstanden um vier großzügige, begrünte Innenhöfe herum moderne Ein- bis Zwei-Zimmer-Wohnungen – mit für die damaligen Verhältnisse luxuriöser Ausstattung: Zentralheizung, Toiletten, kombinierte Gas-Kohle-Öfen in den Küchen, Warmwasserversorgung und eine zentrale Entstaubungsanlage. Die Genossenschaftsmitglieder pflegten ein reges Sozialleben. Neben kooperativen Zusammenschlüssen zum günstigeren Einkauf von Lebensmitteln und Brennstoffen wurden Kinderspielplätze und Laubensiedlungen gebaut, Geselligkeitsvereine, eine Genossenschaftsbäckerei sowie verschiedene Sozialberatungsstellen gegründet.

Das Reformbauen unter dem Motto „Licht, Luft und Sonne" erlebte in der Weimarer Republik seinen Höhepunkt. Auf den wenigen noch verbliebenen Freiflächen des nördlichen Neukölln entstanden mehrere groß angelegte, heute noch zu besichtigende Bauprojekte – der von der Berliner Baugenossenschaft errichtete Ilsenhof zwischen Jonas-, Ilse- und Schierkerstraße, die Wohnblöcke an Weser-, Werra- und Innstraße, die Ideal-Siedlung an der Rungius-/Ecke Franz-Körner-Straße oder das im schlichten Stil der Neuen Sachlichkeit gehaltene Taut-Haus in der Ossastraße.[75] Der Architekt und Stadtplaner Bruno Taut, einer der Hauptvertreter des Neuen Bauens, verwirklichte zusammen mit Baustadtrat Martin Wagner zahlreiche Arbeiterwohnsiedlungen in Berlin – die Wohnstadt Carl Legien in Prenzlauer Berg, die Siedlung Schillerpark im Wedding und in Neukölln die Hufeisensiedlung.

Die Großsiedlung Britz. In der Mitte das bekannte Hufeisen.

## Ästhetik und Funktionalität - Die Hufeisensiedlung

Die Hufeisensiedlung im Neuköllner Ortsteil Britz war eines der bedeutendsten Experimente des sozialen Wohnungsbaus in der Weimarer Republik. Sie ist Teil des Großprojektes Fritz-Reuter-Stadt/Großsiedlung Britz und wurde 2008 in das Unesco-Weltkulturerbe aufgenommen.

Wie bei allen anderen Reformbauvorhaben, gab auch hier der Neuköllner Magistrat die Angelegenheit an eine nichtstaatliche Organisation ab. Die Gemeinnützige Heimstätten-, Bau und Spar AG (GEHAG) wurde 1924 auf Initiative von Martin Wagner in Kooperation mit dem Allgemeinen Deutschen Gewerkschaftsbund und verschiedenen Baugenossenschaften gegründet. Im selben Jahr erwarb die Stadt Berlin ein knapp 600 Hektar großes Gebiet des Ritterguts Britz. Nach der englischen Gartenstadtidee konzipierten Bruno Taut, Martin Wagner und der Gartenarchitekt Leberecht Migge die Hufeisensiedlung als bauliche Umsetzung eines neuen Gesellschaftsmodells vor den Toren der Großstadt – gesundes, erholsames und preiswertes Wohnen bei gemischter Bevölkerungsstruktur. Charakteristisch für die Großsiedlung war das nebeneinander von Einfamilienhäusern und Wohnblocks, durchsetzt von Grünanlagen und Gärten. Die Bauzeit dauerte von 1925 bis 1930. Um einen eiszeitlichen Pfuhl herum wurde zuerst das charakteristische Hufeisen gebaut, darauf ausgerichtet, aber immer wieder mit Asymmetrien und Brüchen versehen, die Wohnstraßen der Einfamilienhäuser mit ihren Gartenparzellen. Taut spielte auch mit den Farben: Die auf nur zwei Bautypen beschränkten 472 Häuser gaben den Straßen durch rote, weiße, blaue und gelbe Anstriche ihren jeweils eigenen Charakter. Im zweiten Bauabschnitt entstanden zwei große Wohnblöcke in Etagenbauweise, die weitläufige Freiflächen und Mietergärten im Inneren einrahmten. Diese beiden Blöcke waren jedoch vom Hufeisen durch die eher traditionalistisch gehaltene DeGeWo-Siedlung (Deutsche Gesellschaft für Wohnungsbau) abgetrennt, die zeitgleich erbaut wurde. In diesem Kontrast von vom Bauhaus inspirierter Modernität und herkömmlichem Siedlungsbau drückten sich gleichsam architektonisch die geistig-politischen Gegensätze der ersten deutschen Republik aus. Das letzte Teilstück der Hufeisensiedlung entstand in den Jahren 1929/30, als aufgrund der Weltwirtschaftskrise die finanzielle Förderung versiegte und die Epoche des reformerischen sozialen Wohnungsbaus langsam zu Ende ging. In diesem Bauabschnitt huldigte Bruno Taut dem aufkommenden International Style mit kubischen Elementen und einer sachliche Strenge.[76]

Bei aller stadtplanerischen Beispielhaftigkeit hatte die Hufeisensiedlung dennoch einen Nachteil – die schlussendlichen Mieten lagen über dem ursprünglich anvisierten Niveau und waren für einen Großteil der Arbeiterschaft unerschwinglich. So waren es in erster Linie Angestellte, Beamte und besser verdienende Facharbeiter, die in die neue Wohnanlage zogen. Auch eine Reihe Künstler und Intellektuelle ließen sich dort nieder. Einer von ihnen war Erich Mühsam. Der Bohèmien, Dichter und Anarchist, bekannt durch seine spitze Feder und die Teilnahme an der Münchner Räterepublik 1918/19, lebte ab 1927 mit seiner Frau Kreszentia in der Dörchläutingsstraße 48. Dort gab Mühsam die Zeitschrift Fanal (...) heraus und verfasste seine theoretische Schrift „Die Befreiung der Gesellschaft vom Staat". Als Jude, Anarchist und Freigeist war Erich Mühsam bei den Nationalsozialisten besonders verhasst. Noch in der Nacht des Reichstagsbrandes am 27. Januar 1933 wurde er, dass Zugticket nach Prag schon in der Tasche, aus seinem Haus verschleppt. Nach einem monatelangen Martyrium wurde Mühsam am 9. Juli 1934 im Konzentrationslager Oranienburg schließlich von der SS ermordet.[77]

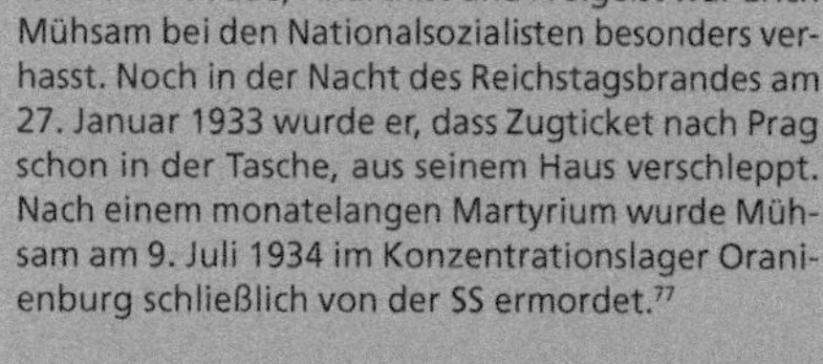

Erich Mühsam um 1928.

Neben dem Wohnungsbau sollte ein weiteres ehrgeiziges Vorhaben Neukölln bald über seine Grenzen hinaus bekannt machen – die Schul- und Bildungsreformen des SPD-Stadtrats für Volksbildung, Kurt Löwenstein. In seiner Amtszeit von 1921-1933 entstaubte er das Schulwesen vom Geist und Drill der Kaiserzeit; zudem war er maßgeblich am Aufbau der Kinderfreundebewegung, einem Vorläufer der sozialdemokratischen Jugendorganisation Die Falken beteiligt, die in ihren Sommerlagern in „Kinderrepubliken" selbstbestimmtes Handeln und Verantwortungsbewusstsein einübten. Das am kontroversesten diskutierte Projekt Löwensteins waren die weltlichen Gemeinschaftsschulen: bis 1930 wurden elf der 46 Neuköllner Volksschulen in laizistische Bildungsstätten umgewandelt. Daneben entstanden Gartenarbeitsschulen und Werkklassen, um die Schüler auf die Arbeitswelt vorzubereiten. Löwensteins Ziel war die Einheitsschule, deren Konzept er in seinen Schriften „Das Erziehungswesen im sozialistischen Staat" und „Sozialistische Schul- und Erziehungsfragen" ausgearbeitet hatte.[78] Zusammen mit dem renommierten Pädagogen Fritz Karsen machte er Neukölln zu einem bildungspolitischen Experimentierkasten – für Furore sorgten zwei ganz besondere Schulen. Das Kaiser-Friedrich-Realgymnasium in der Sonneallee – die einzige höhere Schule in Neukölln überhaupt, denn Bildung der Arbeiterschaft über grundlegendes Rechnen und Schreiben hinaus hatte man zuvor nicht für nötig, gar gefährlich gehalten – war eine von ihnen. Die Schule stand seit 1922 unter Karsens Leitung. Dort wurden alle Kinder bis zur 9. Klasse zusammen unter-

Teamwork an der Karl-Marx-Schule.

richtet, mit Arbeiter-Abiturientenklassen eine Frühform des Zweiten Bildungsweges erprobt und Referendare für innovative „Schulen der Zukunft" ausgebildet. Die Schüler konnte aus einem breit gefächerten Kursangebot wählen, wobei auch die künstlerisch-musische Bildung nicht zu kurz kam. Bei regelmäßigen öffentlichen Musikabenden wurden beispielsweise die Kinderopern „Der Ja-Sager" von Bert Brecht und Kurt Weill oder Paul Hindemiths „Die fliegende Stadt" aufgeführt. Die Lehrkräfte der verschiedenen im Komplex untergebrachten Schultypen berieten sich in einem gemeinsamen Gremium und hielten zusammen Fachkonferenz ab – im stark separierten preußischen Schulwesen ein absolutes Novum.[79] Ab 1930 trug das pädagogische Reformprojekt den Namen Karl-Marx-Schule.

Einen etwas anderen, aber nicht minder provokativen Weg, ging die Rütli-Schule.

## Das Rütli-Experiment – Lebensgemeinschaft und Charakterbildung

Mit der öffentlichen Bankrotterklärung des Kollegiums in ihrem „Brandbrief" 2006 war die Rütli-Schule zum Synonym für eine fehlgeschlagene Bildungs- und Migrationspolitik geworden. Die Schule hatte schon einmal in beträchtlicher Weise von sich Reden gemacht hat – als innovative Lebensgemeinschaftsschule in der Weimarer Republik.
1909 wurde das Gebäude in der Rütlistraße als 31. und 32. Rixdorfer Gemeindeschule eingeweiht – zwei Schulen, für Mädchen und Knaben getrennt. Es herrschten preußische Strenge und Gehorsam in den bis zu 50 Kindern starken Klassen. Nachdem die Schule von 1914 bis 1920 als Kaserne gedient hatte, wurde sie 1920 wieder eröffnet. Ab 1923 besaßen die beiden Rütli-Schulen den offiziellen Status als Versuchsschulen. Starre Lehrpläne fielen weg, reformfreudige Pädagogen und Pädagoginnen ersetzten viele der kaisertreuen Lehrer. Als eine der elf Berliner Lebensgemeinschaftsschulen war sie folgenden Grundlagen verpflichtet: Flexible Arbeitspläne für Lebens- und Arbeitsgemeinschaften, Orientierung an den Bedürfnissen der Schüler und „Entfesselung der schöpferischen Kräfte im Kinde" – ohne Drill und Schematismus. Stattdessen setzte man auf Bildung nach Neigung und Leistung, Abschaffung der Zerstückelung des Wissens durch Aufteilung in Fächer, Herstellung von vertrauensvollen Verhältnissen zwischen Lehrern und Schülern sowie der Zusammenarbeit von Eltern, Lehrkräften und Kindern in einem gemeinsamen Schulausschuss.[80] Die Lehrer durften geduzt werden, Jungen und Mädchen wurden nicht mehr getrennt unterrichtet, es gab Esperanto-Kurse, Schulspeisung, Kunst und Musik, angewandten Technikunterricht und bis zu vierwöchige Klassenfahrten mit Lehrern und Eltern. Eine friedliebende, solidarische und verantwortungsbewusste Generation sollte herangebildet werden – unabhängig von Konfession oder sozialer Herkunft. „Meinem Schulbesuch in der 32. Rütlischule bei Lehrer Lindtner verdanke ich meine Entwicklung im Beruf und als Mensch. Wir haben logisch denken gelernt, auf das Unrecht zwischen Armut und Reichtum wurde hingewiesen", erinnert sich eine ehemalige Schülerin.[81] „Wir gingen gern zur Schule. Schulschwänzer kannten wir nicht", sagte Herta Prüffert, die ebenfalls die Lebensgemeinschaftsschule in der Rütlistraße besuchte. Ihre lebenslange Abneigung gegen Obrigkeitsdenken auf diese Zeit führt sie auf die dort gemachten Erfahrungen zurück. Die Tochter eines Fabrikanten fuhr je-

den Morgen eine Stunde von Schöneberg nach Neukölln; ihr Vater war Teil eines progressiven Bürgertums, das keine Berührungsängste mit der Arbeiterschaft hatte.[82] Die meisten Schüler jedoch waren Arbeiterkinder, denen die Lebensgemeinschaftsschule „die Stütze einer klaren, eindeutigen proletarischen Weltanschauung" mit auf den Weg geben wollte, so der sozialdemokratische Reformpädagoge Friedrich Weigelt. Das war Konservativen und Rechten selbstverständlich ein Dorn im Auge, die Rütli-Schule wurde als „marxistische Brutstätte" und „Kommunistenpenne" beschimpft. Tatsächlich stellte Rektor Fritz Hoffmann 1930 fest, „daß die bewußte politische Haltung ... bei den radikaler eingestellten Eltern durchaus nicht staatsbejahend" ist.[83] Damit waren die Kommunisten gemeint, die in den Elternbeiräten der beiden Lebensgemeinschaftsschulen stärker vertreten waren als die Sozialdemokraten. Als es im Zuge der Weltwirtschaftskrise 1930 zu Mittelstreichungen und Entlassungen kam, wurde die Rütli-Schule zum Zentrum des Neuköllner Schulkampfes. Im April traten Eltern und Schüler, gemeinsam mit der 15. und 16. Gemeindeschule in der Lessingstraße, in einen Schulstreik. Die bürgerliche Presse titelte „Kinder-Revolution in Neukölln", „Der Schulputsch der Kommunisten" und „Schulkinder an die Front! Kommunisten wollen mit Kindern Revolution machen". Tatsächlich unterstützte der Neuköllner KPD-Stadtverordnete und spätere DDR-Bildungsminister Fritz Lange den Streik; Schulstadtrat Löwenstein hingegen beschuldigte die Kommunisten, die Kinder fur parteipolitische Zwecke zu missbrauchen. Nachdem es nicht gelungen war, weitere Schulen in den Streik einzubeziehen, und die Polizei bei den Schülerdemonstrationen erschien, beschloss der Elternbeirat nach fünf Tagen, den Ausstand zu beenden.[84] Im Oktober 1931 traten die Rütli-Schüler nochmals in den Streik und verhinderten damit erfolgreich die Versetzung eines Lehrers. Am 28. Januar 1933, noch vor Hitlers Machtantritt, wurden alle Lebensgemeinschaftsschulen in einfache weltliche Schulen umgewandelt – aus Angst vor dem Einfluss der Kommunisten und zur Durchsetzung von Sparplänen. Den Rest des Reformprojektes Rütli-Schule schleiften die Nationalsozialisten. Viele Lehrer wurden versetzt, entlassen oder in niedrigere Dienstgrade zurückgestuft, die Klassengemeinschaften auseinandergerissen und die Schülerinnen und Schüler auf christliche Gemeindeschulen verteilt, was für die „Sonderlinge" oftmals in einem Spießrutenlauf endete.[85] Der Religionsunterricht wurde wieder eingeführt, die gesamte Schule in „nationalsozialistischem Geiste" umgepflügt.

Neuköllner Schüler protestieren Anfang der 1930er-Jahre gegen Mittelkürzungen.

In geringem Maße konnte nach dem Krieg an reformpädagogische Konzepte aus der Weimarer Zeit angeknüpft werden. Ab 1948 gab es in Berlin die Einheitsschule; auch in der Rütli-Schule wurden alle Schüler bis zur 8. Klasse gemeinsam unterrichtet. Mit der Einführung des dreigliedrigen Schulsystems in West-Berlin endete dieses Experiment jedoch bereits 1950. In der Rütli-Schule befanden sich von da an eine Haupt- und eine Realschule.[86]

Neuköllns Reformpolitik brachte auch Fortschritte im Gesundheitswesen. Das zuständige Dezernat richtete Mütter- und Säuglingsheime, eine Schulkinderpflege, Ferienkolonien, Schulspeisung und Krippen ein.[87] Zur Bekämpfung der extrem hohen Säuglingssterblichkeit wurden Beratungsstellen für Schwangere und junge Mütter geschaffen. Für die Kinder von Erwerbslosen gab es kostenlos Milch, und durch Zahlung von „Stillprämien" wurde den Frauen eine längere Pause von der Arbeit ermöglicht. Im Stadtbad richtete sich eine sportärztliche Beratung ein. Neu waren ebenfalls die Schulärzte, eine Fürsorge für Alkohol- und Tuberkulosekranke sowie die Ehe- und Sexualberatungsstelle.[88] Viele dieser sozialen Tätigkeiten übten Frauen aus, deren Rollen ebenfalls neu definiert wurden. 1918 war das Frauenwahlrecht eingeführt worden, dennoch zeigte sich die postulierte Gleichberechtigung in der Realität nur äußerst zögerlich: 1920 befanden sich unter den 60 Neuköllner Stadtverordneten lediglich drei Frauen.[89]

Im selben Jahr wurde mit Ilse Eggert die neu geschaffene Stelle einer Neuköllner Frauenberaterin besetzt. Dass die selbstbewusste Frau schnell in Konflikte mit den vorwiegend männlichen Kollegen und Vorgesetzten im Wohlfahrtsamt kam, wurde schon im Mai 1921 deutlich. Ilse Eggert wurde entlassen, „weil sie sich in keiner Weise unterordnen kann".[90]

In den beiden Neuköllner Sexualberatungsstellen arbeiteten fünf Ärztinnen. Eine von ihnen war Käte Frankenthal, die 1928 zur Stadtärztin berufen wurde. Ihr Verdienst war es, dass in der Beratungsstelle kostenlos Verhütungsmittel erhältlich waren. Käte Frankenthal war eine der Frauen, die sich die Freiheiten nahm, welche die neue Zeit bot: Sie rauchte und trank, boxte, focht und betrieb Jiu-Jitsu, entschied sich für den Beruf statt den Herd und lebte eine offene Sexualität.[91]

Mit Mathilde Vaerting lebte in Neukölln eine frühe radikale Kritikerin der Geschlechterrollen. In ihrem 1921 erschienenen Buch „Neubegründung der Psychologie von Mann und Weib. Die weibliche Eigenart im Männerstaat und die männliche Eigenart im Frauenstaat" entlarvte sie vermeintlich weibliche Eigenschaften als reine Zuschreibungen der Männer, mit dem Ziel, die Frauen in Unmündigkeit zu halten. „Es kommt offensichtlich nur darauf an, einen Unterschied zwischen den Geschlechtern zu konstruieren", schrieb Vaerting. Von 1912 bis 1923 war sie Oberlehrerin am Mädchenlyzeum Neukölln, der heutigen Albert-Schweizer-Schule. Danach wurde sie – als zweite deutsche Professorin überhaupt – auf den Lehrstuhl für Erziehungswissenschaften nach Jena berufen.[92]

Die Geschichte der Neuköllner Stadtbibliothek ist eng mit Helene Nathan verknüpft, deren Namen sie heute trägt. Die promovierte Historikerin und engagierte Sozialdemokratin übernahm die Bibliotheksleitung im Juli 1921. Nathan betrachtete ihre Arbeit als bildungspolitische Aufgabe in einem proletarischen Umfeld, widmete sich besonders dem Jugendbereich – in der Nogatstraße richtete sie 1923 ein Kinderlesehalle ein – und arbeitete eng mit anderen Neuköllner Reformerinnen und Reformern zusammen. Daneben war sie als Mitglied im Verband der Volksbibliothekare an der Professionalisierung ihres Berufes beteiligt; unter ihrer Ägide wurde die Neuköllner Bibliothek zur Ausbildungsbibliothek. Als Jüdin und Sozialistin wurde Helena Nathan 1933 entlassen. 1940 nahm sie sich 52-jährig in Berlin das Leben.[93]

Doch trotz vieler Verbesserungen, beispielsweise bei den Berufsbedingungen für Lehrerinnen, blieben auch im vergleichsweise fortschrittlichen Neukölln die Frauen vielfach den alten Rollenmustern verhaftet. Das äußerte sich auch in der eingeschränkten Auswahl „frauentypischer" Berufe: Aus den klassischen Berufsdomänen der Männer, die sie während der Kriegsjahre erobert hatten, wurden die Frauen nach 1918 vehement wieder verdrängt.

Die Hochkonjunktur der scheinbar stabilen Weimarer Jahre ermöglichte in Neukölln umfangreiche städtebauliche Projekte. Der Hermannplatz, ein Verkehrsknotenpunkt, an dem 15 Straßenbahn- und sechs Buslinien verkehrten, wurde auch „Potsdamer Platz des Südostens" genannt. Dort begann 1924 der lange geplante, aber von Krieg und Inflation verzögerte U-Bahnbau durch die städtische Nordsüdbahn AG. Auf Initiative von Stadtbaurat Wagner entstand am Hermannplatz der mehrstöckige U-Bahnhof. Dazu wurde die gesamte westliche Häuserfront abgerissen und der Platz um 20 Meter auf seine heutige Größe verbreitert. Die Arbeiten auf der Großbaustelle gingen zügig voran, im April 1926 konnte der untere Bahnsteig eröffnet werden, auf dem heute die Linie U7 fährt, im Juli 1927 der Obere (heute Linie U8).[94] Zweiter Teil des Großprojektes Hermannplatz war das „größte und modernste Kaufhaus

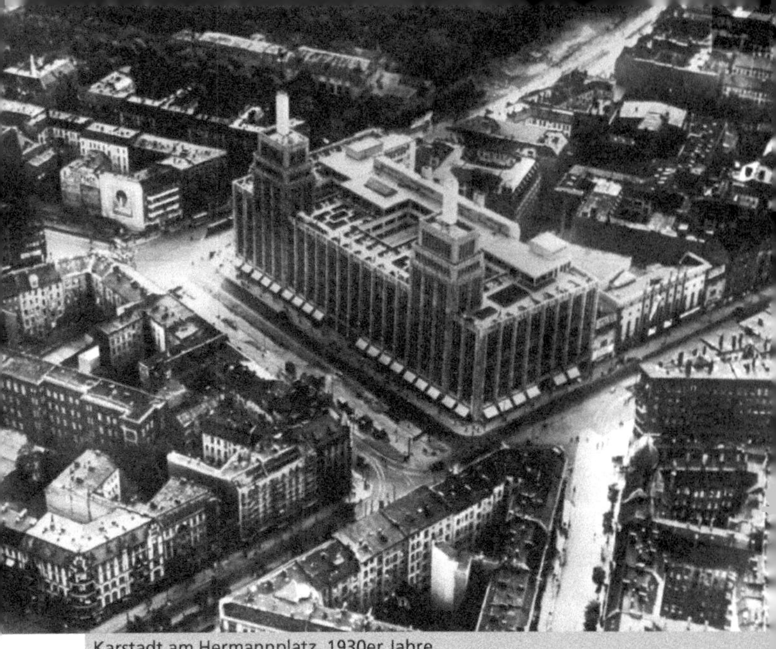

Karstadt am Hermannplatz, 1930er Jahre

Europas“ der Rudolf Karstadt AG. Das Gebäude der Superlative wurde im Juni 1929 eröffnet. Mit sieben Geschossen erreichte es eine Höhe von 32 Metern, darüber thronten zwei 24 Meter hohe Türme, auf denen noch Lichtsäulen 15 Meter weit in den Himmel ragten. Der mondäne Konsumtempel amerikanischen Stils besaß eine Direktverbindung zum U-Bahnhof; Rolltreppen, Aufzüge, ein 4.000 Quadratmeter großer Dachgarten, drei Lichthöfe und ein riesiges Angebot an Waren und Dienstleistungen komplettierten das großstädtische Flair.[95]

Für die kleineren Geldbeutel der meisten Neuköllner gab es ab 1928 den Mercedes-Filmpalast in der

Hermannstraße – mit 3.000 Sitzplätzen das größte Massenkino jener Zeit in der cineastischen Hauptstadt Berlin. Bei moderaten Eintrittspreisen instrumentierten zwei Orchester die Stummfilmvorführungen; für die Arbeiterschaft eine willkommene Flucht aus dem trostlosen Alltag.[96]

Dieser Alltag wurde zusehends härter. Durch die Konjunkturerlahmung ab Mitte 1928 stieg die Arbeitslosigkeit im Reich auf drei Millionen, wodurch die sozialen Gegensätze schärfer denn je hervortraten. Den janusköpfigen Charakter Berlins, die morbide Endzeitstimmung in den ausklingenden „Golden Twenties", mit den Tanzpalästen und Revuen des schicken Westens, mit Ausschweifungen und Vergnügungssucht auf der einen, wachsender Verelendung, sozialen und politischen Spannungen auf der anderen Seite, haben Alfred Döblin in „Berlin Alexanderplatz" und Erich Kästner in seinem „Fabian. Geschichte eines Moralisten" plastisch festgehalten. Die Agonie der Weimarer Republik sollte in Neukölln mit dem „Blutmai" bald ihre Schatten vorauswerfen.

Auch die anschwellende Massenarbeitslosigkeit ließ Neukölln zum wiederholten Male seinem Ruf als sozialem Brennpunkt gerecht werden. So war das Arbeitsamt Südost in der Sonnenallee, im Volksmund bald „Hungerpalast" genannt, im In- und Ausland Symbol für die katastrophale Lage in der Republik während der Weltwirtschaftskrise,[106] lange bevor die Medien das „größte Jobcenter Deutschlands" in Neukölln für ihre Hartz-IV-Debatten der jüngsten Vergangenheit entdeckten. Das 1931/32 erbaute Arbeitsamt war täglich

## Der Blutmai 1929

Am 13. Dezember 1928 erließ der sozialdemokratische Berliner Polizeipräsident Karl Zörgiebel aufgrund wachsender politischer Ausschreitungen ein Demonstrationsverbot. Es galt auch noch am 1. Mai 1929, die traditionellen Kundgebungen der Arbeiterbewegung waren somit verboten. Während die SPD hinter der sozialdemokratisch geführten Staatsmacht stand und ihre Feierlichkeiten in geschlossene Räume verlegte, bestanden die Kommunisten auf Straßenumzüge. Der Konflikt eskalierte, SPD und KPD beschuldigten sich gegenseitig, ein Blutvergießen zu provozieren.

Am 1. Mai gingen die Kommunisten trotzig auf die Straße, nachdem sie zuvor versichert hatten, unbewaffnet zu demonstrieren und keinerlei Interesse an Zusammenstößen zu haben.[97] Die Polizei zog 16.500 Beamte zusammen und wurde angewiesen, „Ansammlungen schon im Keim zu ersticken".[98] Für die Bewohner der Kösliner Straße in Wedding und des gesamten Rollbergviertels begannen drei Tagen, die als „Blutmai" in die Geschichte eingingen – insgesamt wurden 32 Menschen erschossen, davon allein 17 in Neukölln.

Um diese Vorgänge ranken sich allerlei Mythen. Die politische Instrumentalisierung durch die Zeitgenossen macht es außerordentlich schwierig, sich durch Zeitungsberichte oder autobiographische Schriften beteiligter Entscheidungsträger ein Bild zu machen. Der Historiker Léon Schirmann hat nach Öffnung der Archive die polizeilichen und gerichtlichen Unterlagen gesichtet und so die Tage des Blutmai rekonstruiert. Dabei gelang es ihm, die große Zahl verzerrender Meldungen und Fälschungen der Behörden zu widerlegen.

Schon am Morgen des 1. Mai gab es Zusammenstöße zwischen der Polizei und Demonstranten am Reuterplatz und im Rollbergviertel. Am Hermannplatz dagegen, so berichtete ein Reporter der Chicago Daily News, sei es ruhig gewesen, bis die Einsatzkräfte ohne Vorwarnung mit dem Gummiknüppel auf die Menge losgegangen seien. Nachmittags errichteten Demonstranten dann erste Barrikaden in der Hermannstraße, die Schutzpolizei (Schupo) verlor offenbar die Nerven und begann, ihre Schusswaffen einzusetzen.

Nachts patrouillierten Schupo und ein Panzerwagen durch das vollkommen dunkle Rollbergviertel, wo die Straßenbeleuchtung gelöscht oder demoliert worden war. Dabei wurde reichlich geschossen. Die Bilanz dieser ersten Nacht: vier Tote, darunter eine 51-jährige Frau, die beim Schließen ihres Fensters getroffen worden war. Anderenorts in Neukölln sahen sich zur

Titelseite „Das Illustrierte Blatt" zum Blutmai. Das Bild zeigt die Verhaftung eines jungen Mannes in Neukölln.

selben Zeit tausende Menschen friedlich Agitprop-Theatervorstellungen an und hörten Reden.[99]

Der nächste Tag verlief zunächst ruhig, die Polizei entfernte einige in der Nacht notdürftig errichtete Straßenbarrikaden. Kurz nach 20 Uhr wurden in der Hermannstraße und einigen Seitenstraßen erneut Straßensperren gebaut. Dennoch wähnten sich die meisten Neuköllner nicht in einem „Kriegsgebiet", sondern gingen ihrem gewöhnlichen Alltag nach. Die Ausschreitungen im Bezirk waren lediglich punktuell. Vor Mitternacht erschoss die Polizei eine Person in der Hermannstraße, gegen 1 Uhr bewarf eine Menschenmenge das Polizeirevier in der Selchower Straße mit Steinen, wurde jedoch rasch von einer Bereitschaft mit Panzerwagen vertrieben.[100] Auf der Jagd nach Verdächtigen wurde in dieser Nacht ein 57-jähriger Kutscher auf dem Nachhauseweg von der Polizei angeschossen; er erlag drei Wochen darauf seinen Verletzungen.[101]

Die offiziellen Verlautbarungen sprachen von legitimer Gegenwehr gegen einen bewaffneten Aufstand und kommunistischen Dachschützen.

In den Morgenstunden des 3. Mai durchsuchte ein massives Polizeiaufgebot die Häuser des Rollbergviertels nach Waffen; ein interner Bericht nannte das Ergebnis „erklärlicherweise unbedeutend".[102] Ohnehin hatte die KPD-Führung ihren Anhängern zu diesem Zeitpunkt weitere Demonstrationen bereits ausdrücklich untersagt.

Dennoch kam es am 3. Mai zu einem regelrechten „Polizeimassaker" (Léon Schirmann). In Neukölln ging das Leben größtenteils seinen gewohnten Gang, Demonstrationen fanden tatsächlich keine mehr statt. Um zwölf Uhr mittags startete die Polizei eine überraschende „Säuberungsaktion" in der Hermannstraße: Der Panzerwagen erschien mit feuerndem Maschinengewehr, gefolgt von mit Karabinern bewaffneter Polizei. Die Menschen flüchteten in die Häuser. Dennoch wurden durch das offenbar willkürliche Schießen binnen einer knappen Stunde vier Personen getötet – drei Frauen auf ihren Balkonen in der Hermannstraße, sowie ein Handelsvertreter. Die Polizei behauptete, lediglich Schreckschüsse abgegeben zu haben.[103]

Um 14 Uhr wurde über das Rollbergviertel der Ausnahmezustand verhängt. Untersagt wurde das Stehenbleiben in Straßen, Hausfluren und Einfahrten, das Zusammengehen von mehr als zwei Personen, Radfahren, sowie das Öffnen von Fernstern in Richtung Straße. Ab 21 Uhr herrschten Ausgangssperre und Lichtverbot in straßenwärts gelegenen Räumen. Da die Bestimmungen viele Neuköllner wegen der mangelhaften Bekanntmachung gar nicht erreichten, das entsprechende Gebiet darüber hinaus nicht erkennbar abgeriegelt war, wurden bis zu Beginn der Dunkelheit weitere vier Menschen erschossen, darunter zwei Radfahrer. In der Nacht wurden Teile Neuköllns mit Scheinwerfern ausgeleuchtet, drei Panzerwagen waren unterwegs und es wurde wahllos in erleuchtete Fenster geschossen, von Dächern aus auch in die Hinterhöfe. Zeugen berichteten übereinstimmend davon, dass nur die Polizei gefeuert hätte. Bis Mitternacht starben vier weitere Menschen, als letzter ein neuseeländischer Journalist.[104] Um zwei Uhr nachts wurde der Beschuss eingestellt. Der Ausnahmezustand blieb jedoch noch bis zum 6. Mai bestehen.

In den drei Tagen des Blutmai hatte die Polizei insgesamt 11.000 Schuss abgefeuert, selbst jedoch nur dreizehn Verletzte, darunter nicht einen durch Schüsse. Bei keinem der Todesopfer waren Waffen gefunden worden: in der Mehrheit hatte es sich um völlig unbeteiligte Personen gehandelt. Lediglich eines der 32 Opfer, ein Friseur aus der Neuköllner Ziethenstraße, war kommunistisch organisiert gewesen – er hatte der KPD und dem RFB angehört.[105]

Als Folge des Blutmai 1929 wurden nicht etwa die Verantwortlichen zur Rechenschaft gezogen, sondern am 3. Mai der RFB verboten. Pläne dazu lagen schon seit Monaten vor. Die Staatsmacht rechtfertigte ihr hartes Vorgehen auch nachträglich damit, von Häusern aus beschossen worden zu sein – eine Behauptung, die niemals belegt werden konnte. Vielmehr schien es sich bei dem gesamten Vorgang um eine gezielte „Strategie der Spannung" zur Durchsetzung innenpolitischer Ziele gehandelt zu haben.

Die Kommunisten sahen sich in ihrer Einschätzung bestätigt: Hauptfeind war die Sozialdemokratie. Besonders im Hinblick auf die erstarkenden Nationalsozialisten sollte sich die Zementierung der zwei verfeindeten Arbeiterlager durch den Blutmai noch fatal auswirken. Für die Bewohner des Rollbergviertels – seither auch Barrikadenviertel genannt – bedeutete das Trauma polizeilicher Willkür und permanenter Überwachung einen Rückzug in eine Wagenburgmentalität.

Menschenmassen vor dem Hungerpalast in der Sonnenallee.

von Menschenmassen aus einem riesigen Einzugsgebiet umlagert, die bis zu 25 Kilometer zurücklegen mussten, um ihre Unterstützung abzuholen. 100.000 Erwerbslose fertigte der Hungerpalast wöchentlich ab: Neukölln wies 1933 eine Arbeitslosenquote von 33,6% auf.[107]

Die Rote Fahne, das Zentralorgan der KPD, beschrieb die alltäglichen Szenen:

„Erwerbslose Frauen standen in bitterer Kälte 6 ½ Stunden und brachen in den dünnen Kleidern unterernährt zusammen, infolge Erschöpfung. Am ersten Tag gab es 35 ohnmächtige Frauen, am zweiten mehr als 50 Zusammengebrochene [...] Schupos patrouillieren auf und ab. Nur langsam zieht sich die Schlange durch die enge Drehtür ins Gebäude. Nur 40 bis 50 Erwerbslose werden von Zeit zu Zeit hereingelassen, von der Polizei, die im Gebäude in großer Zahl sich aufhält".[108]

Schließlich kam es in der Sonnenallee zu einer Woche andauernden Tumulten und gewaltsamen Auseinandersetzungen zwischen empörten Arbeitslosen und der Polizei.[109]

In diesem Klima sozialer Deprivation fand sich vor allem die „überflüssige Generation" der Jugendlichen und jungen Erwachsenen wieder, wie der Historiker Detlef Peukert sie charakterisierte.[110] Eine der Folgen von Perspektivlosigkeit und Sinnverlust waren die „Wilden Cliquen": hierarchisch organisierte Banden junger „Lumpenproletarier", die sich von den bürgerlichen Jugendbewegungen wie dem Wandervogel – den „Jesuslatschern" – ebenso abgrenzten, wie sie sich der Disziplinierung und Einbindung durch die KPD im Kommunistischem Jugendverband Deutschlands (KJVD) widersetzten. Um 1930 gab es in Berlin schätzungsweise 600 solcher Cliquen mit etwa 14.000 Mitgliedern. Während der Großteil davon harmlose Wandercliquen waren, sollen 10% kriminell gewesen sein, weitere 20% sich zumindest in Grenzbereichen bewegt haben. Sie trugen Namen wie „Lustig Blut", „Wildsau", „Sing-Sing", „Schnapsdrossel" oder „Blutige Knochen" und kultivierten eine aggressive Männlichkeit. Der „Cliquenbulle" führte die Bande an, die wenigen Mädchen wurden bezeichnenderweise „Cliquenkühe" genannt. In ihren Liedern fanden sich Textzeilen wie „Wenn wir Latscher sehen, dann jibt es Keile, wenn wir Nazis sehen, dann jibt's Kleinholz". Die bürgerliche und sozialdemokratische Presse thematisierte ausgiebig den pauschal unterstellten Vandalismus und die Kriminalität der Wilden Cliquen, Pädagogen jeglicher Couleur zogen gegen die „Verwahrlosung der Großstadtjugend" und den Sittenverfall zu Felde.[111]

Hochburgen der Jugendbanden waren die Bezirke Neukölln, Wedding und Teile von Kreuzberg. 1928 sorgte der Neuköllner „Wanderclub Tartarenblut" für Schlagzeilen. 18 arbeitslose Mitglieder der Clique hatten in einem Park Angehörige eines akademischen Turnvereins überfallen und ausgeraubt. Nach der Festnahme fand die Polizei Schlagringe, Messer und andere Waffen bei den Jugendlichen. Mehrere der Tartarenblütler wurden daraufhin zu Haftstrafen verurteilt. 1929 fiel die Bande erneut durch kriminelle Machenschaften auf, bis sie sich im selben Jahr nach Verurteilung ihres Cliquenbullen auflöste. Zwei Jahre darauf machte eine Neuköllner Straßengang aus der Pannierstraße durch eine Einbruchserie von sich reden. Wie sich herausstellte, gehörten Schüler aus sämtlichen Schulen der Umgebung zu der Bande.[112]

Ab Mitte der 20er Jahre versuchten die Nationalsozialisten im Arbeiterbezirk Neukölln Fuß zu fassen. Eine der seltenen Quellen aus der Frühzeit der Berliner Nationalsozialistischen Arbeiterpartei (NSDAP) sind interne Berichte aus den Jahren 1926/27, die von dem jungen Neuköllner Aktivisten Reinhold Muchow verfasst wurden. Muchow kann als Prototyp des fanatischen und kühlen Technokraten des NS-Regimes gelten. In Neukölln, das er den „rötesten Arbeiterbezirk Berlins“ nannte, kopierte der junge Handelsgehilfe die Organisationsstrukturen der KPD und wandte sie später, als Gauorganisationsleiter, auf die Berliner NSDAP an. 1932 wurde Hitlers Partei reichsweit nach Muchows „Neuköllner Modell“ umorganisiert.

1926 hatte ein gewisser Joseph Goebbels die Berliner Gauleitung des zerstrittenen und kurz vor der Auflösung stehenden rechtsradikalen Grüppchens namens NSDAP übernommen. Zwei Wochen nach seinem Amtsantritt begann Goebbels seinen „Kampf um Berlin“ mit der Inszenierung medienwirksamer Straßengewalt in Neukölln.[113] Am 14. November 1926 ließ er die Berliner SA (Sturmabteilung) dort aufmarschieren. Zu diesem Zeitpunkt zählte die nationalsozialistische Bürgerkriegsarmee erst 300 Mann. Schon auf dem Weg zum Sammelplatz wurden „8 Hakenkreuzler schwer und etwa 25 leicht verletzt“, schrieb das Neuköllner Tageblatt. Die Bevölkerung empfing die SA bei ihrem Marsch vom Hermannplatz zum Halleschen Tor mit roten und schwarz-rot-goldenen Fahnen, eine dichte Menschenmenge begleitete den Zug unter Schmährufen. Nach Beendigung der Demonstration kam es in verschiedenen Straßen Neuköllns immer wieder zu Schlägerein, heimfahrende Nationalsozialisten wurden aus Straßenbahnen gezogen und verprügelt.[114] Von „dreizehn mehr oder minder schwer Verletzten" sprach der SA-Chronist Julek von Engelbrechten, und fuhr pathetisch fort:

„Um so mehr steigt der rote Terror gegen die kleine SA. Neukölln. Da wird in der Bergstraße die U-Bahn gebaut. Alle Arbeiter gehören dem RFB an. Es ist für die SA.-Männer ganz unmöglich, sich hier irgendwie zu ‚zeigen'. Nach dem Dienst muß Schupo als Begleitung bis zum Ringbahnhof Neukölln mit. Dann müssen die Männer - da die Kommune sämtliche Neuköllner Bahnhöfe besetzt hat – bis zum Ringbahnhof Potsdamer Platz fahren, um sich von hier aus auf Schleichwegen nach ihren Neuköllner Wohnungen durchzuschlagen".[115]

Angesichts der Berichte des Neuköllner Tageblatts klingt dieser Bericht durchaus glaubwürdig – der RFB versuchte mit allen Mitteln, die SA aus den Arbeiterquartieren fernzuhalten. Aber Kiezfremde waren die SA-Männer offenbar nicht.

Ab 1929 hatte der knapp 70 Mitglieder starke Neuköllner SA-Sturm 25 seinen Stützpunkt im Restaurant Kunkel in der Kaiser-Friedrich-Straße 25 (heute Sonnenallee 52) – einer der etwas ‚besseren' Gegenden Neuköllns. Dort hatte auch einer der frühen Berliner SS-Stürme sein Quartier.[116] Der NS-Mythologie zufolge bestand der Neuköllner Stammsturm 25 „zu 80 Prozent aus Arbeitern [...]. Aus Rabauken, eisern und mit allen Hunden gehetzt. ‚Ludensturm' sagen die Berliner".[117] Nirgendwo gefiel sich die SA so sehr in ihrer Selbstdarstellung als proletarische Organisation mit Verbindungen zur kriminellen Halbwelt wie in Berlin. Tatsächlich war die hauptstädtische SA angeblicher „Hitlerproleten" zum größten Teil von abstiegsbedrohten, entwurzelten Angehörigen der Mittelschicht geprägt, und: Sie war eine außerordentlich jugendliche Organisation. Das galt auch für die SA in Neukölln.

Erst im Sommer 1929 nahm die KPD die Bedrohung durch die stark anwachsende SA in vollem Umfang wahr und rief die Parole aus „Schlagt die Faschisten wo ihr sie trefft".[118] Deshalb zog die SA bei ihrem nächsten Großumzug am 22. September 1929 wesentlich besser vorbereitet und in ungleich größerer Stärke als 1926 durch Neukölln. „Drei Standarten zusammen, denn dieser Bezirk ist keine Spielerei", so SA-Chronist Engelbrechten.[119] Dieses Urteil traf durchaus noch zu, obwohl die Reaktionsmöglichkeiten der Nazi-Gegner durch das Verbot des RFB nach dem Blutmai schon äußerst beschränkt waren. Die Rote Fahne rief lediglich in nüchternen Worten zur Sammlung aller Genossen in den Parteilokalen und einer Gegendemonstration am Reuterplatz auf.[120] Die SA hingegen plante ihren Marsch provokativ durch das Rollbergviertel – den ‚roten' Kiez Neuköllns schlechthin. Goebbels durfte zurecht hoffen: „Heute: gleich Ummarsch in Neukölln. Es wird Blut fließen".[121] Die geplante Route wurde jedoch behördlich untersagt, das Rollberg-

SA-Marsch unter Polizeischutz durch Neukölln, September 1929.

viertel von der Polizei abgeriegelt[122] und 2.000 Gegendemonstranten von der SA ferngehalten. Der Marsch verlief deshalb relativ ruhig, bei vereinzelten Prügelein wurden 21 Personen festgenommen.[123] Dennoch hatte Goebbels sichtlichen Respekt vor der roten Hochburg: „Neukölln. Durch mulmige Gegenden. Überall steht schon Kommune und lauert. Wie die wilden Katzen. Geduckt und schleichend". Die Nazi-Presse hingegen höhnte „Neukölln ist nicht rot!".[124]

1929 hatten die Nationalsozialisten dort tatsächlich erste Wahlerfolge. Bei den Kommunalwahlen am 17. November erreichten sie überraschende 4,0% (im Berliner Durchschnitt 5,8%) und konnte erstmals einen Bezirksverordneten stellen.[125] Dass die Neuköllner NSDAP dennoch ein labiles Gebilde war, zeigte das darauffolgende Jahr. Ende Mai 1930 notierte Joseph Goebbels in sein Tagebuch: „Abends auf S.A. Abenden in Neukölln und Schöneberg. In Neukölln merkt man den zersetzenden Einfluss des N.S. [einer parteiinternen, „linken" Oppositionsgruppe]".[126] Tatsächlich traten einige Tage darauf der dortige Sektionsleiter Alfred Raeschke und einige Anhänger zusammen mit Goebbels Gegenspieler Otto Strasser aus der NSDAP aus. Dabei kam sogar zu Handgreiflichkeiten: „Telephonanrufe aus Neukölln. Dort prügeln sich schon die S.A. Leute – ‚um den Sozialismus!'"[127] Allerdings bildeten sich schon im selben Monat drei neue, Goebbelstreue NSDAP-Sektionen in Neukölln, eine weitere bestand bereits seit Frühjahr 1929 in Britz.

Bei den Reichstagswahlen vom 14. September 1930 schoss die NSDAP mit spektakulären 18,3% auf die politische Bühne. In Neukölln lag sie schon bei 11,1% (Berlin 14,6%). Auch die KPD konnte dort ihren Stimmenanteil beträchtlich steigern – mit 34,9% überrundete sie zum ersten Mal die traditionell stärkste Partei SPD – die krisengebeutelte Republik wählte zusehends radikal.

Die traditionellen Versammlungsstätten der Arbeiterbewegung zu erobern, war den Nazis ein besonderes Anliegen. Saalschlachten, Messerstechereien und Prügeleien auf der Straße waren in der ausgehenden Weimarer Republik an der Tagesordnung. Ein gewalttätiges Klima bestimmte den Alltag – nicht nur zwischen Kommunisten und Nazis. So verwüsteten beispielsweise SPD- und KPD-Anhänger 1927 bei einer Massenschlägerei ein gemeinsam genutztes Lokal in der Reuterstraße,[128] bei den Kommunalwahlen 1929 musste die Polizei in der Hermannstraße eine Plakatsäule der Deutschnationalen vor einer randalierenden Menge von mehreren hundert Personen schützen[129] und noch im Oktober 1932 lieferten sich Nazis nicht etwa mit Kommunisten, sondern mit rechtsnationalen Bismarckbündlern eine heftige Saalschlacht mit 50 Verletzten in der Neuen Welt.[130] Die schwerste Saalschlacht zwischen SA und Kommunisten fand im Oktober 1931 in den Raddatz-Festsälen in Britz statt. Fünf SA-Stürme waren daran beteiligt. Dort sei der „rote Neuköllner Terrorismus" verblutet, so SA-Chronist Engelbrechten voller Pathos.[131]

Die politischen Feindschaften zeigten sich in der Enge der Mietskasernenviertel aber vor allem in der unmittelbaren Nachbarschaft. In einem Flugblatt an die Anwohner des Weichselplatzes hieß es:

„ALARM! Arbeiter, Hausfrauen! Seht euch die Geschäftsleute an, die von Euch leben und gegen euch kämpfen. Heute Vormittag wurde Frau N., als sie vom Einholen kam, auf der Treppe ihres Hauses Maybachufer 64 von dem dortigen Inhaber des Plättgeschäftes G. und dessen Tochter hinterrücks überfallen und blutig niedergeschlagen. G. und Familie beteiligen sich wiederholt als aktive Nazis und ließen sich in wüste Morddrohungen gegen antifaschistische Werktätige aus. Arbeiter, Hausfrauen! Duldet das braune Gesindel in unserem Viertel nicht. Boykottiert die Plätterei. Verlangt vom Hauswirt die Exmittierung des Mordbanditen".[132] Die KPD rief zu Häuserblockveranstaltungen und der Gründung von Häuserschutzstaffeln auf. Ein geradezu typischer Konflikt in einem roten Revier ereignete sich 1931 rund um die Richardsburg im Böhmischen Dorf.

Die Gründung von Sturmlokalen und SA-Heimen geschah zumeist durch Übernahme von Arbeiterkneipen – besonders zu Lasten von KPD-Anhängern, die in der Regel das ärmste Klientel darstellten. Die SA versprach den Wirten einfach höhere Umsätze und konnte so den Kommunisten ihre Treffpunkte regelrecht abkaufen. Nach diesem Muster verlief auch die Übernahme des Lokals Richardsburg in der gleichnamigen Mietskaserne.[133]

Mit der zunehmenden Arbeitslosigkeit hatten die Stammgäste allmählich ihre Zahlungsfähigkeit verloren; um den finanziellen Ruin abzuwenden, ging der Wirt Heinrich Böwe auf den Vorschlag der SA ein, ihr das Lokal gegen einen täglichen Mindestabsatz an Bier zur Verfügung zu stellen. Die bisherige Stammkundschaft zog sich daraufhin aus der Richardsburg zurück, Böwe trat der NSDAP bei. Am 26. September weihte der SA-Sturm 21 sein Sturmlokal im „roten Neukölln" mit Musik und Gastredner ein.[134] Die Kneipe war bald regelmäßig mit über 100 Personen belegt, etwa 30 SA-Männer kamen täglich zum Mittagessen. Nachdem die neuen Gäste jedoch begannen, in die Hauseingänge zu pinkeln, vor Kindern mit Pistolen herumzufuchteln und Mieter zu bedrohen, organisierten sich die Hausbewohner. Eine 60-köpfige Hausschutzstaffel wurde gegründet und ein erster Mieterstreik ausgerufen. Die

Feuerüberfall

**15 bis 20 Schüsse in das SA-Heim in**
**durch Kopf- und Lungenschüsse schwe**
**Täter e**

Gestern abend um 18,45 Uhr ereignete sich auf das Verkehrs
lokal der NSDAP. in der Richardstraße 35 ein schwerer Feuer
überfall, dem drei Schwerverletzte und ein Leichtverletzter zur
Opfer fielen. Zur angegebenen Zeit wurden plötzlich 15 bis 2
Schüsse durch die verhängte Scheibe der Eingangstür gefeuert, di
den Wirt Boewe sowie seinen Schwiegersohn Matschat un
den anwesenden Paul Vorreiter zu Boden streckten. Boewe un
Matschat erhielten schwere Kopfschüsse, während Vorreiter eine
schweren Lungenschuß bezog. Die drei Verletzten wurden in da
Urban-Krankenhaus gebracht, wo sie in besorgniserregendem Zu
stande darniederliegen. Der vierte Leichtverletzte erhielt einen Wo
denstreifschuß und konnte auf der Rettungsstelle verbunden werde

Daß mindestens zwei Schützen in Frage kommen, geht aus de
vorgefundenen Geschossen und Patronenhülsen hervor, die verschi
denen Kalibers sind. Die Täter, die sich unter einer 25 bis 3

Meldung des Neuköllner Tageblattes zu den Schüssen auf die Richardsburg.

Richardsburg wurde zum propagandistischen Zankapfel zwischen Kommunisten und Nazis – Gauleiter Goebbels befahl, das Lokal unter allen Umständen zu halten. Obwohl die Polizei nach mehreren Demonstrationen vor der Richardsburg regelmäßig durch die Straße patrouillierte, setzten die Bewohner ihren Widerstand fort. Ein zweiter Mieterstreik begann am 1. Oktober, eine Hauszeitung und Protestplakate wurden gedruckt.

## f Nazi-Lokal

**Richardstraße — Wirt und 2 Gäste**
**rletzt — Ein Vierter leichtverletzt**
**mmen**

se zählenden Menge befanden, sind durch die Kirchgasse in
Richtung zur Donaustraße entkommen. Die Polizei, die mit
i Mannschaftswagen und einem Ueberfallkommando sehr schnell
Stelle war, setzt zur Zeit die Ermittlungen nach den Tätern
) fort. Es ist ein umfangreicher Sicherheitsdienst eingerichtet
rden, der sich von der Hermannstraße bis zur Kaiser-Friedrich-
aße erstreckt.

Im Norden Berlins kam es ebenfalls gestern abend zu Zusam-
stößen. In der Badstraße hatte sich ein Demonstrationszug
ildet, der von der Polizei aufgelöst werden mußte. Ein Polizei-
mter wurde durch einen Demonstranten mit dem Schlagring
ergeschlagen. Ein zu Hilfe eilender Polizeibeamter wurde eben-
s stark bedrängt und gab in der Notwehr einen Schuß ab, der
en Demonstranten in der Beckengegend traf und zur Strecke
chte. Darauf verlief sich die Menge.

Doch der Hausverwalter und Wirt Böwe weigerten sich hartnäckig, die SA aus der Richardsburg zu werfen. Am 15. Oktober 1931 eskalierte die verfahrene Situation, als Kommunisten durch die Scheibe des Lokals schossen; vier Personen wurden verletzt, Böwe starb drei Tage später im Krankenhaus. Die Polizei richtete daraufhin einen Sicherheitsdienst im Rollbergviertel ein, wo sie die Urheber des Attentats vermutete, die Mietertreffen wurden aufgelöst und 33 Personen verhaftet.[135] Die SA hatte ihren Stützpunkt in der Richardsburg gegen den Widerstand der Bewohner halten können, doch schon Ende Januar 1932 wurde er von den Behörden geschlossen.[136] Zunächst zog Sturm 21 in eine SA-Küche im Nachbarhaus, danach soll er seinen Sitz in das Lokal Arlt an der Ziethen-/Ecke Lessingstraße verlegt haben – mitten ins rote Rollbergviertel.[137] In der direkten Umgebung lagen 31 der insgesamt 36 kommunistischen Verkehrs- und Versammlungslokale Neuköllns, allein vier davon in der Ziethenstraße.[138] Im Juli 1932 berichtete das Neuköllner Tageblatt von einer Schießerei vor einem neu eröffneten nationalsozialistischen Verkehrslokal an dieser Straßenkreuzung. Der Schütze, angeblich ein NSDAP-Mitglied, wurde festgenommen, mehrere „kommunistische Zusammenrottungen" in den darauffolgenden Tagen von der Polizei aufgelöst. Die NSDAP jedoch ließ kurz darauf die Eröffnung dieses Verkehrslokals und die Parteizugehörigkeit des Verhafteten dementieren.[139] Ob die SA überhaupt jemals ein Sturmlokal im roten Zentrum Neuköllns behaupten konnte, muss letztlich offen bleiben – das Fehlen heroisierender Schilderungen in der NS-Gedenkliteratur lässt jedoch daran zweifeln.

Im „Superwahljahr" 1932, das den entgültigen Zusammenbruch der Weimarer Ordnung markierte, tobte auch in Neukölln der „Aufstand der Bilder", wie es der Historiker Gerhard Paul nannte – die Straßen waren voll von Plakaten, Fahnen und Propaganda jeglicher Art. Bei den beiden Abstimmungen zur Reichspräsidentenwahl im März und April erreichten der KPD-Vorsitzende Thälmann und Hitler 31,0% und 19,0% bzw. 27,4% und 25,1%, und lagen somit beinahe gleichauf.[140]

KPD-Agitationslokal in Neukölln, 1930er-Jahre

Die preußischen Landtagswahlen vom 24. April brachten der stark angewachsenen NSDAP landesweit 36,3%, in der Hauptstadt 27,9%, in Neukölln 22,6% der Wählerstimmen. Nach der verfassungswidrigen Absetzung der preußischen SPD-Regierung Braun durch Reichskanzler von Papen im so genannten Preußenschlag fanden unter Verhängung des Ausnahmezustandes über Berlin am 31. Juli die Reichstagswahlen statt. Neukölln war „überflutet von Flugblättern", wie das Neuköllner Tageblatt schrieb,[141] in den Straßen spielten sich zum Teil bürgerkriegsartige Szenen ab. Die NSDAP reichsweit stärkste Partei mit 37,4% der Stimmen, in Berlin erreichte sie 28,7%, im „roten" Neukölln

24,0%. Die Nazis hatten zwar fast jeden vierten Neuköllner Wähler auf ihre Seite ziehen können, trotzdem war das Wahlergebnis das schlechteste aller Bezirke nach Friedrichshain und Wedding.

Nach der wiederholten Auflösung des Reichstages durch Reichspräsident Hindenburg musste am 6. November 1932 erneut gewählt werden. Die Tage vor der zweiten Reichstagswahl des Jahres standen in Neukölln ganz unter dem Eindruck des BVG-Streiks, in dem KPD und NSDAP berlinweit eine paradoxe Koalition zur Destabilisierung des verhassten Weimarer „Systems" eingegangen waren. Der öffentliche Nahverkehr kam vollständig zum Erliegen, diskutierende und wartende Menschenmassen säumten die Straßen, Bahnen wurden mit Steinen beworfen, am Herrmannplatz kam es zu schweren Ausschreitungen.[142]

Vor diesem Hintergrund verlief die Wahl selbst relativ ruhig. Die NSDAP fiel reichsweit auf 33,1% zurück, in Berlin auf 26,0%, Neukölln wählte zu 22,2% nationalsozialistisch, die Sozialdemokraten sanken auf 26,2%. Den mit Abstand höchsten Stimmenanteil erhielt die KPD mit 39,3%.

Obwohl zweidrittel der Neuköllner hinter den sozialistischen Parteien standen, gelang es den Nazis zusehends, den öffentlichen Raum zu besetzen.

Ende Oktober 1932 ließ Goebbels die gesamte Berlin-Brandenburger SA zum Appell im Stadion Neukölln aufmarschieren,[143] wo in den Jahren zuvor noch die Roten Arbeiter-Sport-und Kulturtage[144] und im Juni 1932 eine Massenkundgebung der KPD zur Antifaschistischen Aktion stattgefunden hatten.[145] Am 15.

Januar 1933 hielt die SA-Untergruppe Berlin-Ost ihren Generalappell im Neuköllner Stadion ab. Laut Neuköllner Tageblatt hatte sich der Aufmarsch „ohne jeden Zwischenfall vollzogen",[146] Goebbels notierte in seinem Tagebuch: „S.A. Neukölln Stadion. Klirrende Kälte. Ich spendiere Korns. Beste Stimmung".[147]

Die SA hatte in Neukölln zwar nicht den Kampf um die Köpfe, aber um die Straße gewonnen – wenn auch nur durch Zusammenziehung aller Kräfte und die zumindest passive Unterstützung der Polizei.

In den Arbeiterbezirken schien die symbolische Präsenz und der Straßenterror der SA in der Taktik der Nazis ohnehin wichtiger - und erfolgversprechender - gewesen zu sein, als die Etablierung ziviler Parteistrukturen. Die NSDAP konnte in Neukölln im Zeitraum von Oktober 1931 bis Januar 1933 zwar vier neue Ortsgruppen gründen, allerdings erlauben deren Namen – wie Richardplatz, Wildenbruchplatz oder Boddin – wenig Rückschlüsse über die wirkliche Akzeptanz der Nazis im jeweiligen Kiez. Noch bis ins Jahr 1933 hinein fanden der größte Teil ihrer Treffen entweder in Räumen der peripher gelegenen Festsäle, viele davon streng genommen schon im bürgerlicheren Kreuzberg 61, an Orten außerhalb des S-Bahn-Rings, oder zumindest in Lokalen und Sälen statt, die an den großen, relativ sicheren Magistralen gelegen waren. Offensichtlich konnten sich die Nazis in vielen Gegenden Neuköllns – besonders in den „heißen" roten Kiezen – nicht ohne weiteres treffen.[148]

# Dunkle Zeiten – Neukölln 1933 bis 1945

Als Adolf Hitler am 30. Januar 1933 Reichskanzler wurde, konnten die Neuköllner Kommunisten noch eine letzte Großdemonstration organisieren.[149] Doch schon die Kundgebungen und Trauerzüge für den am 2. Februar von SA-Angehörigen vor dem Reichsbanner-Lokal Fulda-/ Ecke Weserstraße erschossenen Jungkommunisten Erwin Berner,[150] wurden von der Polizei „unter Anwendung des Gummiknüppels zerstreut", wie es im Neuköllner Tageblatt hieß.[151]

Die Verhaftungs- und Terrorwelle nach dem Reichstagsbrand am 28. Februar zog sich auch durch Neukölln. Im Allgemeinen waren die Sozialisten, und nicht nur sie, auf den massiven Terror und die Repression des NS-Regimes nicht vorbereitet.

Schulstadtrat Löwenstein, als Jude und Reformer bei den Nazis besonders verhasst, konnte entkommen, doch seine Wohnung wurde beschossen und demoliert. Andere hatten weniger Glück, etwa der KPD-Politiker Karl Schulz, der nach seiner Entlassung aus der „Schutzhaft“ an den erlittenen Misshandlungen starb.[152] Auch viele sozialdemokratische Funktionäre wurden verhaftet, darunter der Vorsitzende der SPD von Groß-Berlin, Franz Künstler und der „Novemberverbrecher“ Emil Barth, ehemaliges Mitglied des Rates der Volksbeauftragten.[153] Fritz Karsen musste seinen Hut als Direktor der Karl-Marx-Schule nehmen (die nun wieder Kaiser-Friedrich-Realgymnasium hieß), ein Großteil der Lehrer an den ehemaligen Reformschulen wurde entlassen oder strafversetzt.[154]

Am Vorabend der Reichstagswahl vom 5. März 1933 führte die Polizei, unterstützt von SA und SS-Männern, die der neue preußische Innenminister Hermann Göring zu Hilfspolizisten erhoben hatte, eine Großrazzia im Rollbergviertel durch: „Hetzmaterial“ wurde beschlagnahmt und eine unbekannte Zahl von Personen verhaftet. Am relativ ruhig verlaufenden Wahltag bot Neukölln ein ungewohntes Bild: Rote Fahnen fehlten völlig, dafür hisste die SA ihre Flagge auf dem Rathaus, dem Finanzamt und der Karl-Marx-Schule. Nur teilweise gelang es den Hausherren, die Fahnen wieder zu entfernen. Vor den Wahllokalen stand „Hilfspolizei“ – wohl auch deshalb waren von der KPD überhaupt keine, von der SPD nur wenige Plakatträger zu sehen.[155]

Trotz dieser massiven Repressionen votierten in Neukölln immer noch 31,9% für die KPD und 25,9% sozialdemokratisch.[156]

# Politische Razzia

## Eine große Durchsuchungsakti
## Suche nach Waffen und Hetzm

Die Politische Polizei führte gestern vormittag
Zentrum des Neuköllner Barrikadenvierte
in der Prinz-Handjery-Straße zwischen Lessing- und Herma
straße, eine große Aktion durch. Ein großes Aufgebot
Schutzpolizisten und Kriminalpolizei riegelte mit Unterstützung
Hilfspolizei den gesamten Häuserkomplex ab, durchsuchte sämt
verdächtigen Wohnungen und Häuser nach Waffen und k
munistisches Hetzmaterial und nahm zahlreiche P
sonen fest, die ins Polizeipräsidium eingeliefert wurden.

Unter der Leitung des Kommissars Fähnrich von der P
tischen Polizei und des Polizeimajors Wecke wurden d
Hundertschaften Schutzpolizei und ungefähr 50 Beamte
Politischen Polizei eingesetzt. Die Kriminalpolizei erhielt V
stärkung durch ungefähr 20 Mann nichtuniformierter Hil
polizei.

Die Polizei erschien vollkommen überraschend mit zw
großen Bereitschaftswagen und mehreren Ueberfallk
mandos und hatte innerhalb weniger Sekunden die ga
Straße besetzt.

Neuköllner Tageblatt vom 5.3.1933.

Bereits am 4. Februar waren alle Bezirksvertretungen aufgelöst worden, die unfreien Neuwahlen am 12. März 1933 brachten der NSDAP 33,4% der Stimmen. SPD und KPD erhielten jeweils über 26%, die Kommunisten durften jedoch schon nicht mehr in die Bezirksverordnetenversammlung einziehen. Am 7. Juli wurde

**n Barrikadenviertel**

**n der Prinz-Handjery-Straße**

**ial — Zahlreiche Verhaftungen**

**Die Straßenfenster mußten geschlossen werden. Die Polizeibeamten, die mit Karabinern ausgerüstet waren, wurden an den Straßenecken und vor den Hauseingängen postiert.**

Beamte der Kriminalpolizei prüften an den Ausgängen der Straßen die Papiere der Personen, die die Straßen verlassen wollten. Sämtliche Anwohner, die sich auf der Straße befanden, wurden außerdem auch *nach Waffen untersucht*.

Kurz, nachdem die Prinz-Handjery-Straße besetzt war, machten ich die einzelnen Ueberfallkommandos, die sich aus Schutzpolizei nd Kriminalbeamten zusammensetzten, an

**die Durchsuchung der Häuser.**

Sämtliche Wohnungen, besonders diejenigen einiger kommuistischer Unterführer, wurden ebenso wie jedes einzelne Nebenelaß vom Keller bis zum Dachboden eingehend untersucht. In ehreren Fällen wurde Hetzmaterial gefunden und beschlagnahmt. ie Eigentümer der Wohnungen, in denen das Material gefunden urde, wurden *festgenommen*.

auch die Sitzzuteilung der SPD für unwirksam erklärt. Das geschrumpfte Gremium tagte lediglich drei Mal unter dem kommissarischen Bürgermeister Kurt Samson, einem Charlottenburger Nationalsozialisten, der den Sozialdemokraten Alfred Scholz bereits am 15. März widerrechtlich ersetzt hatte.[157]

Stolze SA mit der „erbeuteten" Fahne der Republik vor dem Rathaus Neukölln im März 1933

„Die Säuberung des Personals von den Systemleuten“, die Samson sich zur Aufgabe gemacht hatte, kostete insgesamt 71 Beamte (4%), 261 Angestellte (35%) und 145 Arbeiter (10%) ihre Anstellung in Neuköllner Behörden und Einrichtungen.[158]

Ob es dem Nimbus Neuköllns als proletarischem Bezirk und sozialem Brennpunkt zuzurechnen ist, dass gerade dort das Hauptamt für Volkswohlfahrt seinen Sitz nahm, muss offen bleiben. 1934 erwarb die NSDAP den riesigen Gewerbekomplex der Pfaff AG am Maybachufer 48-51. Die Nationalsozialistische Volkswohlfahrt (NSV) und das ihr angeschlossene Hilfswerk für Mutter und Kind, der Reichsverband für Straffälligenbetreuung, das Winterhilfswerk und die Reichszentrale für Stadtkinder wurden dort ansässig. Obgleich das Regime mit diesen Organisationen seine vermeintlich soziale Seite präsentieren wollte, kamen die Wohltaten nur politisch angepassten „arischen Volksgenossen“ zugute.[159]

In Arbeiterbezirken wie Neukölln war es den neuen Machthabern ein besonderes Anliegen, die traditionellen Bindungen und Milieustrukturen zu zerschlagen. Laubenkolonien und Gesangsvereine wurden gleichgeschaltet, über ein Drittel der jugendpflegerischen Vereine aufgelöst.[160] Die Stadtrandsiedlung Neuland wurde 1934 in „Frontkämpfersiedlung Schlageter“ umbenannt und mit regimetreuen Familien bevölkert. Die Arbeitersportvereine wurden ganz verboten. Nach der Auflösung der sozialistischen Parteien war der Sport jedoch noch eine Möglichkeit, alte Verbindungen und Kontakte aufrecht zu erhalten. Nicht wenige Arbeiter fanden in bürgerlichen Vereinen Unterschlupf; so sei beispielsweise der TV Friesen Neukölln, wie ein Arbeitersportler berichtet, „mit den ‚Roten' sehr behutsam umgegangen".[161] Eine andere Möglichkeit war die Tarnung. Der kommunistische Sport- und Wanderverein Neukölln benannte sich in „Deutschen Turnverein 1933" um und datierte die Gründungsurkunde einfach zurück. Der Berliner Sportverein, ebenfalls in Neukölln ansässig, konnte 1943 sein zehnjähriges Bestehen als geschlossene Organisation ehemaliger Fichte-Mitglieder und anderer kommunistischer Arbeitersportler feiern: Jedes neue Mitglied musste zwei Bürgen aus dem Verein aufweisen. So blieb man unter sich.[162] Im Herbst 1933 beklagte sich ein Angehöriger der NSDAP-Ortsgruppe Hermannplatz bei der Geheimen Staatspolizei über den in der Fontanestraße ansässigen Verein für Volksgesundheit. Dort sei die Gleichschaltung nur äußerlich, den Vorstand hätten nach kurzer Zeit schon wieder Sozialdemokraten innegehabt. Nationalsozialisten könnten sich auf dem Vereinsgelände nicht blicken lassen, „dieselben werden dort geschnitten und gemieden... Der deutsche Gruß ist wohl eingeführt, aber nach Leistung desselben wird hinterher gelacht und mit Verlegenheitshusten beantwortet". Nationales Liedgut spiele die Hauskapelle überhaupt nicht und nach Abreißen von Hakenkreuzwimpeln habe der Vorstand lapidar erklärt, dass müsse wohl ein Betrunkener gewesen sein.[163]

Daneben gab es auch den aktiven Widerstand. Die Zahl der Gruppierungen und Einzelpersonen ist zu groß, um sie alle zu nennen, weshalb hier nur eine Auswahl gezeigt werden kann. Neben konspirativen Gruppen von ehemaligen SPD- und KPD-Angehörigen und illegalen Betriebszellen bildeten sich eigenständige Untergrundorganisationen wie die Parole, die Roten Kämpfer oder die Gruppe Neu Beginnen. Ein Milchladen in der Ziethenstraße, den der spätere DDR-Justizminister Max Fechner und seine Frau betrieben, wurde zum Treffpunkt vieler Widerständler. Illegale Druckschriften, wie der Proletarische Pressedienst, die Neuköllner Sturmfahne oder Die innere Front – das Blatt der politisch vielschichtigen Schulze-Boysen-Harnack-Gruppe – kursierten in den oppositionellen Zirkeln. Eines der Leitungsmitglieder der besser als Rote Kapelle bekannten Gruppe, John Sieg, wohnte in der Jonasstraße, die Innere Front wurde in der Gartenlaube des Kommunisten Max Grabowski in Rudow gedruckt. Im Widerstand fanden sich auch viele ehemalige Schüler der Neuköllner Reformschulen. Beispielsweise die Rütli-Gruppe um Hanno Günther. Nach Kriegsbeginn begann sie Flugblätter und Klebezettel mit Parolen wie „Hitler triumphiert, doch's Volk krepiert" zu verbreiten, ab Juli 1940 erschien ihre illegale Schrift Das freie Wort. Auf Klassentreffen fanden noch mehr ehemalige Rütli-Schüler zu der Gruppe, die nun das risikoreiche Verteilen von Flugschriften aufgaben und sich auf die theoretische Analyse des NS-Regimes verlegte. Trotzdem flog sie im August 1941 auf, drei ihrer Angehörigen, darunter Hanno Günther, wurden zum Tode verurteilt und hingerichtet. Das gleiche Schicksal traf den Jungkommunisten Heinz Kapelle aus der Weserstraße, der als „Wiederholungstäter", wie es der Volks-

DEM GEDENKEN DER DURCH
NATIONALSOZIALISTISCHE
GEWALTHERRSCHAFT UMGEKOM-
MENEN EHEMALIGEN SCHÜLER
DER RÜTLI-OBERSCHULE.

gerichtshof nannte, mit Freunden Anti-Kriegsflugblätter verteilt hatte.

In Britz traf sich eine Gruppe um den Ingenieur Joachim Franke, die sich Anfang 1942 mit der aus jüdischen Jungkommunisten bestehenden Baum-Gruppe verband. Zusammen führten sie den Brandanschlag auf die Propagandaausstellung „Das Sowjetparadies" im Berliner Lustgarten aus. Der ehemalige Schüler der Karl-Marx-Schule und Chemotechniker Werner Steinbrink hatte für die Brandsätze gesorgt. Vermutlich durch einen Spitzel flog der konspirative Kreis auf, Franke, Steinbrink, dessen Verlobte Hilde Jadamowitz und viele andere verloren ihr Leben.[164]

Die Ablehnung des Nationalsozialismus in Neukölln äußerte sich auch im Alltag. Im Mai 1939 ordnete Heinrich Himmler, Reichsführer SS und Chef der deutschen Polizei, nach einem Überfall auf einen SS-Untersturmbannführer und Kriminalsekretär an, „daß im Neuköllner Bezirk, in dem in letzter Zeit wiederholt derartige Anrempeleien und Überfälle vorgekommen sind, eine großangelegte Razzia durchgeführt wird und daß die bei dieser Razzia Festgenommenen auf längere Zeit einem Konzentrationslager zuzuführen sind". Generalfeldmarschall Hermann Göring sollte dazu täglich Bericht erstattet werden, Himmler selbst erbat sich einen eingehenden Bericht zu der Aktion.[165]

Ein weitaus leidvolleres Schicksal als die politischen Gegner des Regimes hatten die jüdischen Bewohner Neuköllns zu ertragen. 1880 lebten auf dem Gebiet des heutigen Neukölln lediglich 62 Juden. 1886 oder 1888, über das genau Jahr herrscht Uneinigkeit, gründete sich der Israelitische Brüderverein zu Rixdorf.[166] Im September 1907 weihte die jüdische Gemeinde ihre eigene Synagoge in der Isarstraße 8 ein.[167]

Bis 1910 wuchs die Anzahl der jüdischen Einwohner auf 2.080 an, viele von ihnen gehörten dem Mittelstand an und so wohnten nahezu 40% im gehobenen Viertel zwischen Sonnenallee und Kottbusser Damm.[168] Einer der vielen jüdischen Neuköllner, die sich um die Stadt verdient gemacht haben, war Dr. Raphael Silberstein, nach dem 1950 auch eine Straße benannt wurde. Als Arzt schrieb der spätere Gesundheitsstadtrat Broschüren für die Arbeiter-Gesundheits-Bibliothek, als SPD-Abgeordneter saß er für die dritte Wählerklasse im Rathaus und war einer der Wortführer gegen den Wahlrechtsraub 1908.[169]

Doch der Antisemitismus war auch in Neukölln schon früh spürbar. 1910 ging der Fall eines Praktikanten durch die Presse, der vom Chefarzt des Britzer Krankenhauses mit der Begründung abgewiesen worden, dass „die hier beschäftigten Ärzte den dringenden

Wunsch haben, nicht mit jüdischen Kollegen zusammen im Kasino zu verkehren".[170]

Mal hielt der Neuköllner Branddirektor eine flammende antisemitische Rede vor den versammelten Feuerwehrleuten, ein anderes Mal wurde judenfeindliches Mobbing unter der Ärzteschaft des Neuköllner Krankenhauses bekannt.[171]

Ab 1933 wurde für die knapp 3000 Neuköllner Juden – und die vielen, die ihre Religionsgemeinschaft verlassen hatten, aber im rassistischen Weltbild der Nationalsozialisten stets Juden blieben – der Antisemitismus staatlich sanktioniertes Programm. Sie bekamen die fortschreitende Entrechtung und Ausgrenzung zu spüren – Verbot des rituellen Schächtens, Entlassungen, Ausschluss aus Vereinen. Die Liste ließe sich endlos fortsetzten. Jüdisches Gewerbe wurde „arisiert", darunter das Kaufhaus Joseph & Co., dass noch 1930 unter dem Motto „30 Jahre deutscher Fleiß" sein Jubiläum gefeiert hatte.[172] Bei der Reichspogromnacht am 9. November 1938 wurden zahlreiche Geschäfte und die Synagoge in der Isarstraße zerstört, am 4. Juli des darauffolgenden Jahres die jüdische Gemeinde in Neukölln vom NS-Regime aufgelöst. Rabbiner Georg Kantorowsky hatte sich zunächst gegen die Emigration entschieden und blieb.[173] Wie viele andere Juden musste auch er seine Wohnung räumen; man pferchte die Menschen in so genannten Judenwohnungen oder -häusern zusammen.[174] Ab März 1941 wurden arbeitsfähige Juden zur Zwangsarbeit verpflichtet, auf alle anderen, die nicht emigrieren konnten oder wollten, wartete bald die „Evakuierung", wie es in der Behördensprache

Gunter Demnig beim Verlegen von Stolpersteinen für ermordete jüdische Bewohner Neuköllns.

hieß. Am 18. Oktober 1941 verließ der erste Zug Berlin in Richtung des Ghettos von Lodz, dabei waren auch fünf jüdische Neuköllner. Annähernd 500 wurden in den folgenden Jahren in den Ghettos im Osten, den Konzentrations- und Vernichtungslagern ermordet. Diese vage Zahl ist ein vermutlich recht unvollständiges Ergebnis mühevoller Nachforschungen, die das Kulturamt Neukölln in den 1980er Jahren unternommen hat; viele der Ermordeten werden wohl für immer namenlos bleiben.[175] Seit einigen Jahren verlegt der Bildhauer Gunter Demnig auch in Neukölln seine „Stolpersteine" – kleine, zehn Quadratzentimeter große Messingplatten im Gehsteig vor dem letzten Wohnort von Opfern des NS-Regimes. 117 dieser Gedenksteine erinnern in Neukölln in überwiegender Zahl an ermordete Jüdinnen und Juden.[176]

Antifaschistischer Widerstand und die von einigen Mutigen geleistete Hilfe für verfolgte jüdische Mitbürger dürfen nicht darüber hinwegtäuschen, dass auch im „roten Neukölln" von 1933 bis 1945 die große Mehrheit sich mit den Umständen arrangierte, wie vielerorts. Aktiver Widerstand blieb ein Wagnis der Wenigen, die meisten lebten irgendwo zwischen passiver Ablehnung, Anpassung, persönlicher Vorteilsnahme oder begeisterter Zustimmung.

Ein besonders makaberes Neuköllner Beispiel der Verstrickung in NS-Verbrechen ist die Firma Gaubschat. Dort wurden Busse und LKW produziert, bevor man im Krieg auf Rüstungsgüter umstieg. Im Herbst 1941 gab die SS bei Gaubschat die Herstellung spezieller LKW-Kastenaufbauten in Auftrag, angeblich zum Transport von Epidemietoten. In Wirklichkeit wurden mit den Aufbauten die mobilen Gaswagen fertiggestellt, in denen durch eingeleitete Autoabgase Menschen erstickt wurden. Sechs dieser Wagen waren Ende 1941 im Osteuropa im „Einsatz", weitere 30 folgten 1942. Da es sich bei dem Projekt um eine Geheime Reichssache handelte, wusste wohl selbst die nationalsozialistisch eingestellte Gaubschat-Geschäftsleitung nichts vom wahren Zweck der Wagen. Auch die Angehörigen der illegalen kommunistischen Betriebszelle ahnten nichts davon, dass sie unfreiwillig an der „Endlösung" mitarbeiteten – ebenso wenig die ukrainischen und französischen Zwangsarbeiter und Zwangsarbeiterinnen.[177]

Eingang zum Werksgelände von Puhl & Wagner um 1933. Die Neuköllner Firma war ein weltweit renommierter Hersteller von Glasmosaiken und wurde später wegen der Aufträge zu Hitlers „Welthauptstadt Germania" zum kriegswichtigen Betrieb erklärt.

Solche Arbeitssklaven hielt sich auch die NCR/National Krupp Registrierkassen GmbH, ein deutsch-amerikanisches Joint Venture, das im Krieg ebenfalls Rüstungsgüter herstellte. Seit 1942 bestand auf dem Gelände Braunauer Straße 187/189 (die Sonneallee war 1938 nach dem Geburtsort Hitlers umbenannt worden) ein Lager für Zwangsarbeiterinnen. Von September 1942 bis September 1944 waren polnische, französische und sowjetische Häftlinge inhaftiert. Danach wurde das Barackenlager dem KZ Sachsenhausen als Außenlager unterstellt und beherbergte etwa 500 zumeist polnische Jüdinnen, die für NCR/Krupp zwölf Stunden täglich, bei kärglicher Ernährung, im Schichtbetrieb schufteten. Im April 1945 wurde das Außenlager Neukölln aufgelöst; über glückliche Umwege kamen fast alle 500 Frauen noch vor Kriegsende mit Hilfe des Roten Kreuzes nach Schweden. Die Reste des Lagers wurden erst 1957 abgerissen. Seither befinden sich auf dem unscheinbaren Gelände eine Kita, ein Sportplatz und die Kleingartenkolonie NCR.[178]

# Vom Kriegsende zum Wirtschaftswunder

Nachdem Neukölln von den alliierten Bomben vergleichsweise wenig in Mitleidenschaft gezogen worden war, kam das zerstörerische Ende mit der sinnlosen Verteidigung gegen die anrückenden Sowjets im April 1945. Die acht Brücken über den Teltowkanal wurden, mitsamt den Wasser- und Kanalisationsrohren, den Gas- und Stromleitungen, gesprengt.[179] Am Hermannplatz hatte die SS das Karstadtgebäude in die Luft gejagt, das dort angelegte Vorratsmagazin sollte nicht in russische Händen fallen – viele Menschen, die gerade die unbewachten Lebensmittel ausräumten, wurden dabei getötet.[180] Im Luftschutzkeller des NSV-Sitzes erstickten in den letzten Kriegstagen über 50 Hitlerjungen und -mädchen.[181]

Die Sowjets drangen am 25. April in Neukölln ein. Noch drei Tage lang wüteten schwere Straßenkämpfe, vor allem im Bereich des Rathauses, dessen Verteidigung NSDAP-Kreisleiter Wollenberg befohlen hatte. Am 28. brach der Widerstand zusammen.

Als Bilanz des Krieges waren rund 7% der Wohnbauten im Bezirk zerstört, 13% schwer beschädigt, weitere 15% mittelschwer und 58% leicht beschädigt.[182]

Am 29. April setzte die russische Ortskommandatur Martin Ohm (später CDU) als ersten Bürgermeister ein. In Buckow hatte sich bereits drei Tage zuvor ein „Provisorischer Zivil-Verwaltungs-Körper" aus Antifaschisten konstituiert, der bis Oktober eigenständig arbeitete.[183] Am 1. Mai richtete Kommandant Oberst Raizew einen Zwanziger-Ausschuss zum Aufbau der neuen Verwaltung ein. Diese arbeitete zwar selbstständig, den Handlungsspielraum jedoch gaben die Besatzer vor – erst Anfang 1946 erhielt die Verwaltung ein höheres Maß an Eigenverantwortung.[184]

Die Aufgaben waren gigantisch: Organisation der Lebensmittelversorgung, Wiederherstellung der Energie- und Wasserversorgung, Bestattung der Leichen, Zuschüttung der Panzergräben, die Unterbringung von zahlreichen Kriegsflüchtlingen, Enttrümmerung und vieles mehr. Im ehemaligen Warenhaus Joseph wurde das zentrale Neuköllner Lebensmittelmagazin angelegt. Ein eigens eingerichtetes Hausobmännersystem sorgte für die Kommunikation zwischen Verwaltung und Bevölkerung in der chaotischen Situation.[185] Schon Ende Mai konnten Gas- und Stromversorgung wie-

Spielende Kinder auf einem Panzerwrack in der Hermannstraße im Juli 1945.

der aufgenommen werden,[186] aber trotz der guten Zusammenarbeit von Verwaltung und Besatzungsbehörde herrschte Not an allen Ecken und Enden. Mit Hamsterfahrten ins Umland, vor allem mit der im Juni 1945 wieder instand gesetzten Eisenbahn Neukölln-Mittenwald (die 1948 schließlich von den Russen demontiert wurde), amerikanischen CARE-Paketen und mit Hilfe des florierenden Schwarzmarktes versorgte sich die Bevölkerung mit dem Allernötigsten.

Nach Zulassung antifaschistischer Parteien im sowjetischen Besatzungsgebiet am 10. Juni 1945 gründeten sich SPD und KPD neu. Am 22. Juli bildeten die ehemaligen Erzfeinde einen Arbeitsausschuss zum Wiederaufbau Neuköllns und zur Bildung eines „antifaschistischen Blocks aller Parteien“. Gemeinsam mit den beiden anderen zugelassenen Parteien, CDU und Liberal-Demokratische-Partei (LDP), formierten SPD und KPD im August eine Einheitsfront, die ein Sofortprogramm zum Wiederaufbau im „antifaschistisch-demokratischen“ Sinne verabschiedete.[187] Nach dem Kräfteverhältnis der Parteien im Jahre 1932 trat zunächst eine provisorische Bezirksverordnetenversammlung (BVV) unter dem Kommunisten Ebeling und dem Sozialdemokraten Günther zusammen, die sich aus je 30 KPD- und SPD-Vertretern und sechs von CDU und LDP zusammensetzte. Der stellvertretende Bürgermeister Heinz Pagel maß dem Gremium jedoch nur beratende Funktion zu. Vertreter der KPD, die ein Obleutesystem favorisierten, sahen in ihm ohnehin nur ein „Zerrbild eines parlamentarischen Systems“, das „keine echte Beteiligung der Bevölkerung an der Verwaltungsarbeit bringt“.

Zentrale Gedächtniskundgebung am 9. September 1945.

Am 11. Juli 1945 übergaben die Sowjets die Besatzungsmacht an die Amerikaner, die sich Pagels Haltung anschlossen. Nach Auflösung der provisorischen BVV sollte es allerdings noch bis Dezember 1946 dauern, bis die erste gewählte Bezirksverordnetenversammlung Neuköllns zusammentrat.[188] Der neue Kommandant, Major Pawling, befahl auch die Abschaffung des Obleutesystems, was dazu führte, dass die Arbeit der Verwaltung, die erheblich auf diese direkten Kommunikationswege angewiesen war, zunächst ins Stocken geriet.[189]

Am 9. September 1945 fand im Neuköllner Stadion die zentrale Berliner Gedächtniskundgebung für die Opfer des faschistischen Terrors statt. Der Berliner Oberbürgermeister Arthur Werner hielt die Ansprache, ehemalige KZ-Insassen traten in ihrer Häftlingskleidung auf und der KPD-Vorsitzende Wilhelm Pieck und der spätere DDR-Staatsratsvorsitzende Walter Ulbricht machten ihre Aufwartung. Es wurde jedoch

Der erste Mai-Umzug nach dem Krieg, Neukölln 1946.

nicht nur der politischen Opfer gedacht. Der Neuköllner Schauspieler Ernst Wilhelm Borchert sprach das Gedicht „Kinderschuhe aus Lublin“ von Johannes R. Becher, das den ermordeten jüdischen Kindern des Vernichtungslagers Majdanek gewidmet ist. Die Kundgebung war Teil einer ganzen Gedenkwoche – alle Schulen wurden mit Blumen und Transparenten geschmückt, es gab Ausstellungen zu den Kriegszerstörungen und den Opfern der Naziherrschaft, und der neu gegründete Neuköllner Jugendausschuss richtete eine Feier zur geplanten Umbenennung des Hohenzollernplatzes in Karl-Marx-Platz aus.[190]

Den vom Berliner Magistrat verfügten Entnazifizie-

## Karl Marx in West-Berlin?

In Neukölln befindet sich bis heute die einzige nach Karl Marx benannte Straße im Westteil Berlins. Ein Kuriosum in der „Frontstadt des Kalten Krieges“, dass nur durch die spezielle politische Konstellation in Neukölln möglich wurde. Nach dem Schrecken der Naziherrschaft erinnerten sich die beiden Arbeiterparteien wieder kurzfristig ihres gemeinsamen Urahnen. Heinz Pagel (SPD), von Oktober 1945 bis Januar 1946 kommisarischer Leiter der Verwaltung, erinnerte sich später: „Die Umbenennung der Berg- und Berliner Straße in Karl-Marx-Straße kann ich für mich in Anspruch nehmen. (...) ‚Heinz, ... was hältst du von Karl-Marx-Straße?‘, fragte mich jemand. ‚Einverstanden, hier bitte: Karl-Marx-Straße‘. Das war alles. Wir hatten doch noch kein Parlament zu der Zeit. Karl Marx hielt ich ja für eine sehr starke Persönlichkeit“.[191] Im Mai 1946 wurde die Umbenennung vollzogen.

Der Hohenzollernplatz änderte erst 1950 seinen Namen. Damit ging ein Wunsch vieler Neuköllner in Erfüllung, der seinen Ursprung bereits in den Anfangsjahren der Weimarer Republik hatte. 1926 beschloss die Bezirksversammlung das Reiterstandbild Wilhelms I. zu entfernen, der Magistrat von Groß-Berlin verwehrte sich jedoch dagegen. Der Vorschlag der KPD-Fraktion, das Denkmal von Efeu zuwachsen zu lassen, wurde von der BVV abgelehnt. 1944 wurde das Standbild aus reiner Glockenbronze ausgerechnet von den Nazis aus Gründen der Rohstoffknappheit eingeschmolzen – am 14. Februar 1950 erfolgte dann die Umbenennung des Platzes nach Karl Marx.[192]

Auch in der Zeit des Kalten Krieges wurden die Namensänderungen nicht rückgängig gemacht. Ein Vorschlag, die Straße nach der Stadt Chemnitz zu benennen, wurde 1953 von der BVV abgelehnt.[193] Anders erging es der Werner-Seelenbinder-Kampfbahn. Der Name des ermordeten Arbeitersportlers und Kommunisten, nach dem seit Juli 1945 das Stadion Neukölln benannt war, verschwand 1949 ohne offiziellen Akt wieder.[194] Es dauerte bis zum 24. Oktober 2004, bis das Stadion erneut den Namen Seelenbinders erhielt – dem 60. Jahrestag seiner Ermordung.

rungsrichtlinien, den Kommissionen der Bezirke und den Anordnungen der sowjetischen Militärverwaltung war man in Neukölln schon teilweise zuvorgekommen. Wiederum Heinz Pagel: „Wer in der Verwaltung als Nazi bekannt war, der flog raus. Da gab's von mir keine Gnade. Das wußten auch alle. Dafür, daß wir wußten, wer Nazi war, hat schon die Bevölkerung gesorgt. Da war eine Post mit Bezichtigungen ... und eine Post, die sachlich war". Die Säuberungen betrafen auch die Betriebe. Sämtliche Entnazifizierungsvorgänge wurden als amtliche Bekanntmachungen öffentlich gemacht – verbunden mit Aufrufen an die Bevölkerung, Material über eventuell Belastete zu sammeln.[19]

Die ersten BVV-Wahlen vom 20. Oktober 1946 brachten folgendes Ergebnis: SPD 56,4%, CDU 17,6%, SED 18,1% und LDP 7,9%.[196] Die SED (Sozialistische Einheitspartei Deutschlands), die bei dieser letzten Gesamtberliner Wahl vor der Spaltung der Stadt auch in den West-Sektoren antrat, war das Ergebnis der erfolglosen Bemühungen von SPD und KPD, die Arbeiterschaft wieder zu einen. Nach anfänglichen Annäherungsbestrebungen beider Seiten mehrten sich Ende 1945 die kritischen Stimmen. Im März 1946 entschied sich die Berliner SPD in einer Urabstimmung gegen eine Vereinigung – die ideologischen Differenzen waren zu groß. Der Zentralausschuss der SPD, der zum Boykott der Abstimmung aufgerufen hatte, beschloss im April dennoch die Vereinigung mit den Kommunisten. Mit SED und SPD gab es nun erneut zwei sozialistische Parteien. In Neukölln wurde die SED aber zunehmend mit der sowjetischen Besatzungsmacht im

Ostteil der Stadt gleichgesetzt. Die Neuköllner Sozialdemokraten grenzten sich fortan mit einem betont antikommunistischen Kurs von der SED ab – besonders, nachdem mit der Berlinblockade der Kalte Krieg endgültig in der Stadt Einzug gehalten hatte.

Während der knapp elf Monate der russischen Blockade Berlins vom 24. Juni 1948 bis 12. Mai 1949 wurde der Zentralflughafen Tempelhof am westlichen Ende des Bezirkes Neukölln zur wichtigsten Versorgungsbasis für die eingeschlossene Bevölkerung. Nur 6% der Neuköllner machten indes vom Angebot der Sowjets Gebrauch, sich im Ost-Sektor einzutragen und so in den Genuss höherer Lebensmittel- und Brennstoffzuteilungen zu kommen.[202] Die Russen hatten sich bei der Bevölkerung Neuköllns durch ihre Blockadepolitik schwer diskreditiert.

Mit dem Ost-West-Konflikt verschwanden die letzten Reste des „roten Neukölln", die unter der NS-Diktatur überlebt hatten, im erneuten Zwist der Arbeiterparteien. Viele Neuköllner Kommunisten gingen in den Osten, während Sozialdemokraten von dort in den Bezirk zogen. Die „Opfer des Faschismus" waren schnell in „gute" und „böse" auseinanderdividiert, nach den Nazis wurde nun von Kommunisten gesäubert. Beispielhaft dafür waren der Leiter der Neuköllner Polizeiinspektion, Paul Eggert, der seine Behörde mit Eifer von jedem kommunistischen Einfluss „reinigte"[203], oder der Sozialdemokrat Joachim Lipschitz. 1948 aus Berlin-Lichtenberg vor dem Kommunisten geflohen, wurde Lipschitz in Neukölln Bezirksstadtrat und später stellvertretender Bürgermeister. Er organisierte eine An-

## Tempelhofer Feld – Flughafen Tempelhof

Das Tempelhofer Feld diente zunächst dem preußischen Militär als Exerzierplatz. Bevor 1923 auf dem Gelände eine erste Rollbahn für Leichtflugzeuge eingerichtet wurde, hatte bereits 1909 der Flugpionier Orvill Wright dort Demonstrationsflüge durchgeführt, zu denen täglich bis zu 350.000 Zuschauer kamen. Ende 1924 begann die Berliner Flughafen-Gesellschaft mit dem Ausbau des Feldes zum Großflughafen.[197]

Am 1. Mai 1933 nutze Albert Speer das Tempelhofer Feld für seine erste Großinszenierung Hitlers. Mehrere hunderttausend Besucher standen vor der beflaggten Riesentribüne, die von starken Scheinwerfern beleuchtet wurde[198] – eine gigantomanische Ästhetik, die bald typisch für die Selbstinszenierung der Nationalsozialisten werden sollte. Für sie baute der Architekt Ernst Sagebiel den Flughafen weiter aus, 1941 war das Terminal als weltweit größtes Flächengebäude mit 307.000 Quadratmetern fertiggestellt. Während der 1930er Jahren fertigte Tempelhof das größte Luftverkehrsaufkommen in Europa ab. Am Rande des Feldes befand sich das ehemalige Militärgefängnis Columbiahaus, das die Nationalsozialisten ab 1933 als ‚wildes Konzentrationslager' nutzten. Dorthin verschleppte die Geheime Staatspolizei Regimegegner aller Couleur, zum Beispiel Werner Seelenbinder, Erich Honecker oder den Repräsentanten der deutschen Judenheit, Rabbiner Leo Baeck. Willkür, Folter und Mord waren an der Tagesordnung. Ende 1934 wurde das KZ Columbiahaus zum offiziellen Konzentrationslager. Als „Ausbilderlager" wurde es zu einer Station für spätere Kommandanten von Vernichtungslagern, etwa für Arthur Liebehenschel, Kommandant in Majdanek und Nachfolger von Rudolf Höss in Auschwitz. 1936 wurde das KZ schließlich aufgelöst und 1938 abgerissen. Seit 1994 erinnert ein unscheinbares Mahnmal am Columbiadamm an das Konzentrationslager – allerdings nicht am Ort des Schreckens, sondern auf der gegenüberliegenden Straßenseite.[199]

Mit Kriegsbeginn fand in Tempelhof kein ziviler Flugverkehr mehr statt, das Feld wurde zum wichtigen Standort der Luftrüstungsindustrie. In den Hallen wurden Kampfflugzeuge montiert, wozu ab 1940 mehrere Zwangsarbeiterlager auf dem Gelände angelegt wurden.[200] Nach Kriegsende diente der notdürftig instandgesetzte Flughafen der US-Army als Air Base.

Während der Zeit der Berlinblockade kam ihm dann zentrale Bedeutung zu.

Über die Luftbrücke mussten täglich tausende Tonnen Versorgungsgüter eingeflogen werden, um die Stadt mit dem

„Rosinenbomber" über Neukölln.

Notwendigsten zu versorgen. Neben Gatow und dem eiligst provisorisch angelegten Flugfeld in Tegel kamen 70% der Lieferungen über Tempelhof. Unablässig flogen die Maschinen durch die Flugschneisen über die Häusern des dichtbesiedelten Neuköllner Nordens. In Rekordzeiten landete alle 90 Sekunden ein „Rosinenbomber".[201]

Von 1951 an diente der Flughafen Tempelhof dann zivilem und militärischem Luftverkehr. Die Schließung 2008 brachte vielerlei Konflikte um die Nachnutzung dieser einmaligen innerstädtischen Freifläche mit sich. Linke Gruppen, Bürgerinitiativen und Mieterbündnisse aus dem angrenzenden Schillerkiez wandten sich gegen Privatisierung, Bebauung und Kommerzialisierung und forderten die Öffnung des Geländes. Am 1. Mai 2010 wurde das ehemalige Flugfeld dann als Naherholungsfläche freigegeben – vorläufig. Denn der Streit um Nachbarschaftsgärten, Luxusbauten, künstliche Berge oder den Bau einer Landesbibliothek geht weiter.

laufstelle für Ost-Flüchtlinge und trat als besonders scharfer Antikommunist im Bezirk hervor.[204]

Die BVV-Wahlen vom 5. Dezember 1948 brachten der SPD, nach Verbot der SED nunmehr einzige Arbeiterpartei in Neukölln 71,0% der Stimmen, der CDU 16,3% und den Liberalen 12,7%.[205] Von 1949 bis 1959 leitete der Sozialdemokrat Kurt Exner die Geschicke des Bezirkes. Ein großes Problem war zu Anfang die Arbeitslosigkeit. Durch die Blockade und die heikle geopolitische Lage begann in Berlin der Wiederaufbau der Wirtschaft mit Verzögerung: 1950 wies Neukölln eine Arbeitslosenquote von 23,2% auf.[206]

Der Marshall-Plan und ein allgemeiner Aufbauwille zeigten jedoch bald Wirkung. Neukölln, der mit 287.000 Einwohnern bevölkerungsreichste Bezirk West-Berlins, entwickelte sich in den folgenden Jahren zu einem modernen Zentrum gewerblicher Wirtschaft. Allein in den Jahren 1955 bis 1958 stiegen die Umsätze der Industrie Neuköllns von 435 Millionen auf 674 Millionen DM. Vornehmlich in den Industriegebieten am Kanal boomten die Rudower Eternit-Werke, die Norddeutschen Kabelwerke, die National-Registrier-Kassen GmbH und eine breite Palette von Betrieben in der Textil- und Bekleidungsindustrie, in Holz- und Papierverarbeitung, Elektro- und Feinmechanik, Chemie, Maschinen- und Fahrzeugbau, Druckerei, Blech- und Spielwaren, Brauerei, Brennerei sowie der Lebensmittelbranche[207] – 1969 lag die Arbeitslosenquote in Neukölln bei nur 1,6%, 1970 herrschte Vollbeschäftigung.[208]

Wirtschaftwunderzeiten in der Karl-Marx-Straße.

In Zeiten des Wirtschaftswunders erlebte auch der Einzelhandel einen ungeahnten Aufschwung. Die Karl-Marx-Straße wurde gezielt zur Einkaufsmeile ausgebaut und war mit ihren vielen Kaufhäusern, Schuhgeschäften, Juwelieren, Lederfachgeschäften und Cafés bald ein Geschäftszentrum mit überregionalem Einzugsgebiet. Zahlreiche Bewohner des sowjetischen Sektors kamen über den S- und U-Bahnhof Neukölln für die begehrten Westwaren in die Karl-Marx-Straße.[209] Der Optimismus des erfolgreichen Wiederaufbaus zeigte sich 1960, als Rixdorf-Neukölln sein 600-jähriges Bestehen feierte. Der Bezirk hatte voller lokalem Stolz ein zehntägiges Festprogramm aufgelegt,

Narben der Trennung. Mauerbrache im Jahr 2012.

drei Wochen lang war auf der Festwiese am Columbiadamm ein Vergnügungspark aufgebaut. Bezirksbürgermeister Gerhard Lasson lobte die Neuköllner für ihre „aufbauende Kraft und Heimatliebe",[210] sein Beitrag für die Berliner Morgenpost trug den programmatischen Titel „Weg frei für den Fortschritt".[211] Bereits ein gutes Jahr darauf fand sich der Bezirk jedoch in einer vollkommen veränderten Situation wieder.

# Im Schatten der Mauer

Als in der Nacht auf den 13. August 1961 DDR-Truppen begannen, die Sektorengrenzen zu West-Berlin abzuriegeln, geriet Neukölln in eine Randlage. Die Bevölkerung verlor ihre Naherholungsgebiete an der Spree, am Treptower Park und am Müggelsee. Zum Verlust des Hinterlandes kam im Norden des Bezirkes eine Situation, wie es sie sonst nur noch an der Bernauer Straße zwischen Berlin-Mitte und Wedding gab – die Grenze zog sich mitten durch dichtbesiedeltes Wohngebiet. Nur etwa 15 bis 18 Meter Luftlinie lagen die Häuser beiderseits der Grenze voneinander entfernt. Am Übergang zu Alt-Treptow wurden vom Lohmühlenplatz durch Harzer-, Bouché- und Heidelberger Straße der Stacheldraht gespannt. Dort gehörten Straße und Bürgersteige zum Ost-, die Häuser und Vorgärten jedoch zum West-Sektor. Anfangs räumten die DDR-Behörden den Anwohnern noch ein, über den ostsektoralen Gehweg ihre Häuser zu betreten, später wurden Umgehungswege angelegt, damit kein Westberliner Gefahr lief, im gegnerischen Sektor verhaftet zu werden.[212] In der nachbarschaftlichen Nähe dieses gewachsenen Kiezes waren die Trennungen durch die Mauer besonders schmerzlich.

1962/63 wurde die Grenze zwischen Neukölln und Treptow zum regelrechten Untertagebau – nirgendwo in der Hauptstadt gab es mehr Versuche, die DDR durch Fluchttunnel zu verlassen. Die Nähe der Gebäude zueinander und eine günstige Bodenbeschaffenheit schufen ideale Vorraussetzungen. Gegraben wurden sie stets von West nach Ost, die meisten von einer Gruppe um die Fluchthelfer Harry Seidel und Fritz Wagner. Einige von ihnen wurden bei ihren riskanten Unternehmungen von den Grenztruppen verhaftet und wegen „terroristischer Aktivitäten gegen die DDR und Beihilfe zum Menschenhandel" zu langjährigen Haftstrafen verurteilt.

Insgesamt 16 Fluchttunnel konnten nachgewiesen werden, die meisten in der Heidelberger Straße. Alleine durch einen davon, der seinen Ausstieg in einem Keller des Hauses Nummer 35 hatte, flohen mindestens 35, nach ungesicherten Angaben bis zu 57 Menschen. Doch die Motive der Fluchthelfer waren nicht bloß reine Menschenliebe – manche Flüchtlinge zahlten bis zu 1500 Mark.

Die vielen Fluchtaktionen an der Neuköllner Sektorengrenze waren beständige propagandistische Munition für Ost wie West im Kalten Krieg. Die DDR unterband schließlich den Tunnelbau: Dazu wurde im

Die Mauer an der Lohmühlenbrücke zwischen Neukölln und Alt-Treptow.

Frühjahr 1963 ein etwa drei Meter breiter und 2,5 Meter tiefer, betonierter Graben als zusätzliche Grenzsicherungsanlage durch die Heidelberger Straße gezogen.[213]

Insgesamt 24,7 Kilometer abgeriegelte Grenze umspannten Neukölln. Einer der acht Grenzübergänge des geteilten Berlin befand sich am südlichen Ende der Sonnenallee, den Leander Haußmann 1999 durch seinen gleichnamigen Film – einer Komödie über das Leben Jugendlicher in der DDR – bekannt gemacht hat.

Die Schließung der Grenze bedeutete aber nicht nur die Trennung von Freunden und Familien, sondern auch den Wegfall der Ostberliner Kundschaft für den Einzelhandel. So setzte der Mauerbau der rasanten Entwicklung der Karl-Marx-Straße als Geschäftszentrum und Konsummeile ein unerwartetes Ende.[214]

Die 1960er Jahre waren die Zeit neuer städtebaulicher Konzeptionen: Großsiedlungen und Flächensanierung. Das Rollbergviertel, das älteste zusammenhängende Wohngebiet Neuköllns, war immer noch das schlechteste Wohnquartier im Bezirk – überfüllt mit Kriegsheimkehrern und Ausgebombten, nur 19,8% der Bewohner hatten ein eigenes WC, lediglich 29 Gebäude waren mit Bad oder Dusche ausgestattet. Zum Teil war die Mischung von Wohnen und Arbeiten noch erhalten, ebenso die vielen Eckkneipen. Jedoch war der verfallene Kiez von der Abwanderung der Jungen geprägt. Zurück blieben die Alten und in die billigen Wohnungen zogen Studenten und Migranten nach. Bis zum Abriss hatte das Rollbergviertel mit immer noch 86% einen doppelt so hohen Arbeiteranteil als der Berliner Durchschnitt, aber auch einen hohen Anteil an Sozialhilfeempfängern. Viele Menschen lebten am Rande des Existenzminimums.[215]

1963 wurden die Rollberge als Sanierungsgebiet ausgewiesen. Hinter der vorgegebenen Verbesserung der Lebensqualität standen allerdings auch handfeste wirtschaftliche Interessen des Baugewerbes. In zwei Bauabschnitten von 1966 bis 1974 und 1976 bis 1982 wurde das komplette Viertel flächensaniert, dass hieß: Abriss und Neubau. Der Vorschlag einer Architektengruppe zur teilweisen Entkernung und Substanzerhaltung war abgelehnt worden. Der Plan der Architekten Oeflein, Freund und Schmock sah für Teile der Fläche eine Ringbebauung vor. Unter Zerschlagung des alten Straßenrasters entstanden als Projekte des sozialen Wohnungsbaus riesige, nach innen orientierte Wohnkarrees mit abweisenden Außenfassaden. Ein reges Kiezleben,

Der Rollbergkiez. Es blieb nur, wer keine Wahl hatte.

wie es das Viertel fast 100 Jahre lang bestimmt hatte, konnte sich dort nicht entwickeln. Die ursprüngliche Bewohnerschaft war fast vollständig ausgetauscht, alte Milieubindungen aufgelöst worden. Die geplante soziale Mischung kam nicht zustande, stattdessen bewohnten bald vor allem arabische Migranten die Betonburgen. Schon bald machte das Rollbergviertel durch Jugendgewalt und Verwahrlosung Schlagzeilen.[216]

Güner Balci, dort aufgewachsen und jahrelang als Sozialarbeiterin in der Gewalt- und Kriminalitätsprävention tätig, veröffentlichte 2008 ihr Buch „Arabboy – Eine Jugend in Deutschland oder das kurze Leben des Rashid A.“, dass im Rollbergviertel spielt. 2010 legte sie „Arabqueen – Oder der Geschmack der Freiheit“ nach, in das ihre Erfahrungen im Rollberger Mädchentreff MaDonna einflossen. Beide Bücher heizten die De-

Nach der Kahlschlagsanierung: Das Rollbergviertel mit Ringbebauung. Im Hintergrund die bewaldeten Friedhöfe aus dem 19. Jahrhundert, im Vordergrund rechts die ehemalige Kindl-Brauerei.

batten über Parallelgesellschaften und Migration weiter an.

Bis heute ist das Quartier nicht in die gewachsene Struktur Nord-Neuköllns integriert und gilt weithin als Beispiel für städtebauliches und sozialplanerisches Versagen. Weitaus bekannter jedoch ist die Gropius-Stadt, die ebenfalls als sozialer Brennpunkt wortwörtlich Geschichte schrieb – 1978, mit Christiane F. und den Kindern vom Bahnhof Zoo (siehe Seite 138/139).

Neukölln erlebte in den Jahrzehnten nach dem Zweiten Weltkrieg einen sozio-demographischen Wandel. Während das einst überbevölkerte Nord-Neukölln stetig sinkende Einwohnerzahlen verzeichnete, stiegen sie im ehemals vorstädtischen Süden des Bezirkes an. Doch nicht bloß der Fortzug vieler Arbeiter in die Trabantenstädte beförderte diese Entwicklung. Auch die wirtschaftlichen und politischen Realitäten der Bundesrepublik – Westorientierung, Anstieg des Lebensstandards und die Wandlung der SPD von der Klientel- zur Volkspartei – sorgten dafür, dass in Neukölln von 1946 bis 1970 der Anteil der Arbeiter an den Erwerbspersonen kontinuierlich von 59,4% auf 51,6% sank, während derjenige der Beamten und Angestellten von 27,7% auf 40,9% stieg.[222] Das wirkte sich auch auf die Wahlergebnisse aus: Bei den Neuköllner BVV-Wahlen vom 10. Mai 1981 überrundete die CDU mit 48,9% der Stimmen erstmals die SPD (41,8%)[223] – die ehemals „rote Hochburg" bekam mit Arnulf Kriedner einen christdemokratischen Bürgermeister. Neukölln war vom klassischen Arbeiterbezirk zu einem Stadtteil der „kleinen Leute" geworden – immer noch unterprivilegiert, aber unauffällig, geprägt von nüchterner Arbeitsamkeit und einer gewissen Bodenständigkeit. Arm an Attraktionen und besonderen Ereignissen lag Neukölln in einer Randlage des eingeschlossenen West-Berlin – „Das Ende der Welt" lautete 1983 der Titel des Stadtmagazins Tip.

Der politische Aufruhr der Studentenbewegung ging an Neukölln relativ spurlos vorüber. Randerscheinungen gab es aber auch dort. So zog 1966 der spätere Mitbegründer der Kommune I, Dieter Kunzelmann, nach Neukölln, um von dort aus die „proletarische Revolution" zu starten. In einem Keller fertigte er die ersten Raubdrucke vergriffener Schriften von Wilhelm Reich, Erich Fromm und Max Horkheimer an, die zur Pflichtlektüre der

## Die Gropiusstadt – vom Scheitern einer Vision

Die Wohnraumknappheit in Berlin brachte in den 1960er und 70er Jahren riesige Trabantenstädte wie das Märkische Viertel, das Falkenhagener Feld oder die Gropiusstadt hervor. 1960 legten der Bauhausgründer Walter Gropius und The Architects Collaborative im Auftrag der GEHAG ihren ersten Bebauungsplan vor. Auf 265 Hektar sollten im Süden des Bezirks Neukölln, zwischen Buckow und Rudow, Wohnungen für etwa 15.000 Menschen entstehen. Die ursprünglichen Pläne wurden jedoch mehrfach im Kompetenzgerangel zwischen den verschiedenen Bauträgern, Berliner Senat und Neuköllner Bezirksamt modifiziert. Unter dem Motto „Urbanität durch Verdichtung" wurden die Geschosshöhen der Häuser ständig erhöht, um am Ende 50.000 Bewohner unterbringen zu können – beispielsweise die ehemaligen Mieter des Rollbergviertels. Darüber hinaus sollten Wohnen und Arbeiten konsequent voneinander getrennt sein, die Großsiedlung zum Musterbeispiel eines ‚ruhigen' Wohngebietes, einer Schlafstadt, werden. Der endgültige Bebauungsplan hatte mit der ursprüngliche Konzeption von Walter Gropius kaum noch etwas zu tun.

Von 1962 bis 1975 wuchs die Hochhaussiedlung mit 18.500 Wohneinheiten – 90% davon Sozialwohnungen – in die Höhe. Die Mieterzusammensetzung wurde über die Vergabe von Wohnberechtigungsscheinen geregelt. Zu Anfang zogen überdurchschnittlich viele junge Familien von Angestellten und Beamten in die Gropiusstadt, Wohnformen jenseits des Kleinfamilienmodells waren nicht vorgesehen. 23% der Bewohner kamen aus Neukölln. Die Freude vieler Neumieter über den modernen Standart der Wohnungen wich jedoch bald der Ernüchterung. Eine nicht vorhandene lokale Öffentlichkeit, soziale Segregation, Anonymität, das Fehlen sozialer und medizinischer Einrichtungen sowie die Verweigerung jeglicher Mitgestaltungsinitiative der Bewohner durch die Bürokratie der Wohnungsgesellschaften offenbarten bald die Mängel der Großsiedlung. Obwohl im Bereich der sozialen Infrastruktur nachgebessert, ein Gemeinschaftshaus eingerichtet und kulturelle Angebote geschaffen wurden, gelang keine Integration der Bewohnerschaft. Es dominierte der Rückzug ins Private.

Das Gesicht der Gropiusstadt als menschenfeindliche Betonwüste, die allgegenwärtige Typisierung und Normierung manifestierte sich in einem ausufernden Hausordnungs- und Verbotsschilderwesen, dass insbesondere den Kindern und Jugendlichen jeglichen Bewegungsspielraum nahm. Deren Frust machte sich in Bandenwesen, Gewalt und Drogenkonsum Luft.[217] Traurige Berühmtheit erlangte diese Trabanten-

Eingesperrt zwischen Betonburgen und Grenzzaun am Ende der Welt.

stadtjugend durch Christine F. 1978 erschien „Wir Kinder vom Bahnhof Zoo", dass die Drogenkarriere eines jungen Mädchens und das trostlose, reglementierte Leben in der Gropiusstadt schildert. „Man lernte in der Gropiusstadt einfach automatisch zu tun, was verboten war. Verboten zum Beispiel war, irgend etwas zu spielen, was Spaß machte [...] An jeder Ecke steht ein Schild in der Gropiusstadt Die sogenannten Parkanlagen zwischen den Hochhäusern, das sind Schilderparks. Die meisten Schilder verbieten natürlich Kindern irgend etwas", so Christian F.[218] 1983 schrieb der Jugendclub Haus der Mitte: „'No Future' ist das tatsächliche Lebensgefühl vieler Kinder und Jugendlicher. Die Normiertheit und die funktionale Kälte des alltäglichen Lebens produziert die Langeweile, die Wahrscheinlichkeit, eher arbeitslos zu werden oder einen schlechten Job zu bekommen als einen Ausbildungsplatz, die Aussichtslosigkeit [...] Ein Großteil der 13- bis 14jährigen kifft, trinkt Alkohol oder geht an Mutters Valiumvorräte".[219]

Die sozialen Missstände und bautechnische Mängel führten 1986 zu so genannten Wohnumfeldverbesserungen. Der Fall der Mauer 1989 befreite die Gropiusstadt aus ihrer Randlage. Da 2001 die Wohnberechtigungsscheinpflicht fiel, gewann die Satellitenstadt leicht an Attraktivität, dennoch ist der Leerstand noch heute vergleichsweise hoch. 2002 wurde die Gropiusstadt eigener Ortsteil des Bezirkes Neukölln. Durch den verstärkten Zuzug von sozial schwachen Mietern wies die Großsiedlung 2006 eine so problematische Sozialstruktur auf, dass Teile zum Präventionsgebiet erklärt wurden.[220] Dennoch stellte der Stadtsoziologe Hartmut Häußermann in einer Untersuchung 2008 fest, dass sich die Gropiusstadt – im Gegensatz zu anderen Berliner Großsiedlungen – in Bezug auf die Problemdichte positiv entwickelt.[221]

68er wurden.[224] 1970 ließ sich der anarchistische Karin-Kramer-Verlag in der Neuköllner Niemetzstraße nieder, wo er sich noch heute befindet.

An Hermannplatz und Kottbusser Damm fanden 1967/68 Demonstrationen gegen den Vietnamkrieg statt und bis in die 70er Jahre hinein veranstaltete die Außerparlamentarische Opposition (APO) dort ihre Umzüge zum 1. Mai.[225] Alljährlicher Ausgangsort einer weiteren alternativen – gegen SPD und Gewerkschaften gerichtete – sozialistischen Mai-Demonstration war der Karl-Marx-Platz. Dort erschien 1972 der Künstler Joseph Beuys mit zwei Auslandsstudenten. Die drei besenbewehrten Gäste kehrten den zurückgelassenen Müll zusammen, um ihn später auszustellen. Beuys erklärte diese Aktion später so: „Damit wollte ich klarmachen, daß auch die ideologiefixierte Orientierung der Demonstranten ausgefegt werden muß, nämlich das, was als Diktatur des Proletariats auf Transparenten verkündet wurde".[226]

Um 1970 ließ sich im heruntergekommenen Ballhaus Rixdorf am Kottbusser Damm eine kreative Szene nieder. Dort probten Bands wie Karthago, Kran, Tangerine Dream und auch Ton Steine Scherben, die im Ballhaus ihre Protesthymne „Macht kaputt was euch kaputt macht" aufnahmen. Mit dem Media Centrum e.V. war in ein innovatives Projekt ansässig, dass sich mit Tanz-, Theater-, Mal-, und Filmworkshops schon früh an sozial benachteiligte Jugendliche richtete.[227] Eine Vorreiterfunktion, die man in Neukölln vielleicht nicht unbedingt erwarten würde, hatte der Bezirk in der Frauenbewegung. Anfang der 70er Jahre gab es an der Neuköllner Volkshochschule die ersten Frauenforen der Stadt. Der Andrang war groß,

Frauen aus ganz Berlin kamen an die VHS. Bald musste eine weitere Kursleitering eingestellt werden und eine zweites Forum eröffnete in der Gropiusstadt. Die Diskussionen drehten sich um Abtreibung, Gleichberechtigung, Verhütung, Sexualität, Lohndiskriminierung und traditionelle Rollenbilder. Anfang der 80er Jahre schliefen die Frauenforen dann allmählich ein.[228]

Weniger progressiv war in Neukölln hingegen die Ausländerpolitik und der Umgang mit den Gastarbeitern, die seit Beginn der 70er Jahre in großer Zahl nach Berlin geholt wurden – ein fatales Versäumnis, wie sich später zeigen sollte.

1965 lag der Anteil der erwerbstätigen Ausländer in Berlin bei etwa 1,5%, während er im restlichen Bundesgebiet bereits 5% ausmachte. Berlin zog ja leicht verspätet ins Wirtschaftswunder, der Arbeitskräftemangel wurde zuerst durch Gastarbeiter aus Westdeutschland ausgeglichen.[229] Ab 1969, nach Überwindung der ersten Nachkriegsrezession, stieg die Ausländerbeschäftigung dann massiv an. In Berlin wurden bereits damals die ersten Diskussionen über eine „Gastarbeiterproblematik" geführt. Das vorgesehen Rotationsmodell für ausländische Arbeitskräfte erwies sich als unpraktikabel, die Verträge wurden immer wieder verlängert und in den maroden Mietskasernenvierteln entstanden erste ethnische Kolonien. Die Gastarbeiter hatten auf dem freien Wohnungsmarkt wenig Chancen – sie konzentrierten sich größtenteils in den zum Abriss vorgesehenen Arbeitervierteln.[230] Dahinter steckte auch Methode: durch planmäßige Konzentration von

„Fremden" – in diesem Fall hauptsächlich Türken – und dem absichtlichen Verfallenlassen der Häuser wurde eine Auszugswelle der Alteingesessenen ausgelöst, die wiederum den vermehrten Nachzug von Ausländern in die freigewordenen Wohnungen zur Folge hatte. Diese Sukzessionsprozesse machten den Weg für Kahlschlag und Neubebauung frei.[231] Neukölln ist dafür ein geradezu klassisches Beispiel. Die einheimische Bevölkerung zog, sobald sie konnte, aus den heruntergekommenen Altbauquartieren weg, dass betraf besonders das Rollbergviertel. Die Gastarbeiter rückten nach. 1971/72 wohnten bereits 61% der ausländischen Arbeitnehmer zur Miete, 13% zur Untermiete in möblierten Zimmern und nur noch 26% in Wohnheimen – die Arbeitsmigranten wurden ansässig. Berichte über schlechte Lebensbedingungen und eine beginnende „Ghettobildung" häuften sich. Bereits 1972 warnte der Berliner Senat in seinem „Abschlussbericht zur Eingliederung der ausländischen Arbeitnehmer" vor dem „drohenden Zusammenbruch der Infrastruktur dieser Stadtteile und der damit verbundenen Gefährdung der ausländischen und der deutschen Bevölkerung sowie der allgemeinen Sicherheit".[232] Mit einem Konzept zur „Bedarfsorientierten Integration der ausländischen Arbeitnehmer und ihrer Familien" wurde auf die Herausforderungen reagiert: „Integrationsbereitschaft und Integrationsprozesse" sollten bewirkt, zudem die Felder „Wohnraumbedarf und Anpassung an hiesige Lebensgewohnheiten, Betreuung der Kinder und Jugendlichen in Kindertagesstätten und Schulen" und „Überwindung der Sprachbarriere und Schaffung gleicher Bildungschancen“ bearbeitet werden. In diesem Jahr (1972) lag Neukölln mit 12.000 gemeldeten Ausländern noch auf Platz fünf hinter Kreuzberg, Wedding, Charlottenburg und Schöneberg.[233] Infolge der Ölkrise 1973 verhängte die Bundesregierung einen Anwerbestopp für nicht EG-Ausländer – viele revidierten dadurch ihre Rückkehrabsichten, da sie befürchteten, anschließend nicht wiederkommen zu können. Eine vereinfachte Regelung zum Familiennachzug 1974, sowie die neue Kindergeldregelung vom darauffolgenden Jahr, die den vollen Satz nur noch für in Deutschland lebende Kinder vorsah, führte zum weiteren Anstieg der Ausländerquote. Mittlerweile lag Neukölln an der Spitze der Zuwachsrate und belegte mit einer ausländischen Wohnbevölkerung von knapp 20.000 den dritten Platz der Berliner Bezirke. 1975 erfolgte die Zuzugssperre für Kreuzberg, Wedding und Tiergarten – mit der Folge, dass viele der Arbeitsmigranten nach Neukölln auswichen. Unter ihnen stellten die Türken die Mehrzahl, deren Anteil an der Neuköllner Bevölkerung bis 1978 von 3,3% auf 4,8% anstieg.

Durch den Familiennachzug wurden aus den ursprünglichen Gastarbeitern Einwanderer.[234] Damit wuchs auch der Anspruch auf gesellschaftliche und politische Teilhabe. Schon im Dezember 1975 hatten auf dem Kottbusser Damm türkische Migranten für bessere Ausbildungschancen demonstriert.[235]

Zugleich bildete sich eine eigene Infrastruktur mit Geschäften, Vereinen und Lokalen aus. 1978 entstand das erste türkische Kultur- und Bildungszentrum Berlins im Neuköllner Reuterkiez. Einige Arbeiter und

Intellektuelle, Einwanderer der ersten Generation, gründeten den Verein Türkenzentrum. In der „Schokofabrik", im Hinterhof der Schinkestraße 8/9 mieteten sie sich ein.[236] Obwohl im Türkenzentrum Kultur, Sport und Freizeitgestaltung einen großen Stellenwert einnahm, war der Verein mehr als ein Ort für heimatverbundene Folkloreveranstaltungen. Die Gründer wollten die politisch gespaltene türkische Community Berlins zusammenbringen und sahen „als erste Voraussetzung zur ‚Integration'... die völlige ökonomische, politische, rechtliche, soziale, religiöse und kulturelle Gleichstellung der ausländischen Arbeiter und ihrer Familien unter Beibehaltung ihrer eigenen nationalen Kultur". „Im Austausch mit anderen Kulturen", so die Selbstdarstellung des Türkenzentrums weiter, wolle man sich „ohne jeden kulturellen ‚Assimilierungszwang' von außen" und unter „völliger Gleichberechtigung an die Werte und Normen dieser Gesellschaft annähern, sie überprüfen und zugunsten der arbeitenden Menschen verändern und bereichern".[237] Trotz der Bemühungen des Türkenzentrums, Interesse auch auf Seiten der Verwaltung zu wecken, hätten sich „die Neuköllner Behörden nicht von der Stelle gerührt", so einer der Gründer.[238] War zu Beginn die Arbeit noch von der Wahrnehmung der Bundesrepublik als „Ausland" bestimmt, so richtete sich ab 1980 mit der Gründung einer „Initiative zur Gleichstellung ausländischer Mitbürger" und des „Initiativkreises Gleichberechtigung ‚Integration'" unter Mitarbeit des Zentrums der Fokus auf die Einwanderungssituation. Neben der Beschäftigung mit Themen wie Ausländerpolitik oder Niederlassungsrecht bot das Türkenzentrum später auch Sprachkurse und Angebote für perspektivlose Jugendliche an. In den 80er Jahren sank die Bedeutung der ersten türkischen Kultureinrichtung Berlins jedoch allmählich, da sich die Vereinslandschaft zunehmend ausdifferenzierte.[239]

1980 hatte Neukölln bereits eine ausländische Bevölkerung von 34.000 Personen. Als Reaktion darauf wurde ein interkulturelles Begegnungszentrum in der Wissmannstraße gegründet, das noch heute als Werkstatt der Kulturen besteht. Bis Ende des Jahrzehnts hatten schließlich alle größeren Migrantengruppen ihre Organisationen in Neukölln – meistens in Eigenregie organisiert, ohne nennenswerte Unterstützung durch den Bezirk.[240] 1984 gründeten Deutsche und Einwanderer im Reuterkiez den Nachbarschaftsverein „elele“ – türkisch für „Hand in Hand“ – der sich bis heute für ein gleichberechtigtes Zusammenleben stark macht.[241]

In den frühen 80er-Jahren organisierte sich auch die so genannte Instandbesetzerbewegung. Unter dem Motto „Wohnen darf nicht länger Ware sein“ richteten sich die Hausbesetzer gegen spekulativen Leerstand und profitorientierte Sanierungspläne. Von ihrer Hochburg Kreuzberg aus schwappte die Bewegung auch auf Neukölln über. Von den etwa 160 besetzten Häusern Berlins lagen ein knappes Dutzend in Neukölln. Das erste war ein Komplex an der Pflüger-/Ecke Reuterstraße.

Das seit Jahren leerstehende und verkommene Haus, auf dessen Grundstück die Baugesellschaft Stadt und Land ein Altersheim errichten wollte, wurde im Dezember 1980 besetzt. Die Besetzer experimentierten

Schultheiss

Besetztes Haus an der Reuter-/Ecke Pflügerstraße 1981.

mit alternativen Lebensformen und wandten sich gegen eine Ghettoisierung von Alten und sozial Schwachen. Die geplante Verhinderung eines „Altenwohnsilos“ rief eine Bürgerinitiative auf den Plan, die sich mit den Besetzern solidarisierte. Stadt und Land beharrte jedoch auf ihrem Bauvorhaben. Am 21. Oktober 1982 wurde der Komplex schließlich geräumt und noch am selben Tag abgerissen – unter den verhafteten Besetzern befand sich ausgerechnet der Sohn des damaligen Polizeipräsidenten Hübner.[242]

Eine Subkultur, die gemeinhin eher mit Schöneberg als mit einem nüchternen Arbeiterbezirk assoziiert wird, hat sich in den 1970er Jahren auch im Norden Neuköllns etabliert: die Schwulenszene. In der Thomasstraße eröffnete 1973 der Schwulenclub Trommel, in der Urbanstraße, unweit des Hermannplatzes lag das Hoppla Sir, vor dem am Wochenende die Männer Schlange standen. Homosexualität war zu dieser Zeit noch strafbar und gesellschaftlich wenig akzeptiert, das Leben als Schwuler in Neukölln glich oftmals einem Versteckspiel. Dennoch gab es dort bis Ende der 80er Jahre eine lebendige, gut vernetzte Szene. Nach dem Mauerfall löste sie sich jedoch rasch auf. Wegen der starken Veränderung der Bevölkerungsstruktur, wie Siegfried Sandmann, ehemaliger Betreiber der Trommel, sagte. Viele Schwule zogen weg aus Neukölln.[243]

# Vom Mauerfall zum „Fall Rütli" – Neukölln auf Talfahrt

Bis zum Fall der Mauer war Neukölln in gewisser Weise ein respektabler Bezirk geworden. Man verzeichnete den höchsten Industrieumsatz aller Berliner Bezirke, die Karl-Marx-Straße hatte sich seit den 70er-Jahren wieder zur bedeutenden Einkaufsmeile entwickelt und war nach dem Kurfürstendamm und der Steglitzer Schloßstraße die umsatzstärkste Geschäftsstraße Westberlins.[244]

Als am 9. November 1989 überraschend die Grenze fiel, stürmten die Menschen über die offenen Übergänge auch nach Neukölln. Die Karl-Marx-Straße war von konsumwütigen Massen belagert und das dortige Postamt zahlte bis Mitte Dezember 2,5 Millionen Mark Begrüßungsgeld aus.[245] Doch weitreichende Probleme für den Bezirk folgten auf dem Fuße.

Mit dem Wegfall der Berlinsubventionierung durch den Bund und der Öffnung des Umlandes für Unternehmen wie Bevölkerung begann Anfang der 1990er Jahre ein tiefgreifender wirtschaftlicher und gesellschaftlicher Wandel. Durch Rationalisierung und Schließungen großer und mittelständische Betriebe gingen in Neukölln viele Arbeitsplätze verloren (im gesamten Berlin waren es in den 90er Jahren etwa 500.000).[246] Von 1991 bis 1998 fiel der Anteil der Erwerbstätigen von 47,3% auf 36,8% während derjenige der Erwerbslosen von 5,7% auf 11,4% anstieg. Es kam zu einem starken Abbau von Arbeitskräften besonders im verarbeitenden Gewerbe, weniger bei den Beamten und Angestellten.[247] Einige Beispiele sollen hier genannt werden: 1994 gab Kraft-Jacobs-Suchard die Produktion von Milka-Schokolade in Neukölln auf, ein Jahr darauf verlagerte die Tabakfirma Austria ihre Produktion nach Österreich. 1999 schloss das von Alcatel gekaufte Neuköllner Kabelwerk, 2005 schließlich machte der Mutterkonzern Oetker die traditionsreiche Kindl-Brauerei in der Werbellinstraße dicht. Von den 68 mittelständischen Betrieben mit bis zu 200 Beschäftigte waren 1999 nur noch 41 übrig geblieben.[248]

Trotz des 1997 geschlossenen Beschäftigungspaktes Berlin-Neukölln „Lokales Bündnis für Standortsicherung und Beschäftigung“ und der Gründung eines Vereins Wirtschaft und Arbeit in Neukölln e.V. stieg die Arbeitslosigkeit von 17.300 (1992) auf etwa 30.000 Ende der 90er-Jahre, was einer Arbeitslosenquote von etwa 24% entsprach. Für Nord-Neukölln wurde sie mit ungefähr 30% beziffert.[249] Alarmierend waren die Zahlen zur Langzeitarbeitslosigkeit: Im Jahre 2000 waren bereits 17,22% der Erwerbslosen über ein Jahr, 19,77% über zwei Jahre ohne Job.[250] Etwa 20.000 Industriearbeitsplätze waren innerhalb von zehn Jahren verlorengegangen. Weniger gut qualifizierte Arbeiter wurden zuerst entlassen – das betraf zumeist Migranten. Die Jugend- und Frauenarbeitslosigkeit nahm ebenso rapide zu, wie die Alleinerziehender.[251] Zudem litt Neukölln unter einer strukturell gewachsenen geringen Qualifikation der Bevölkerung – 1993 waren 30% der über zwanzigjährigen ohne Berufsausbildung, die Fachschulabschlüsse lagen etwa um die Hälfte unter dem Berliner Durchschnitt.[252]

Zum wirtschaftlichen Strukturwandel kam der soziodemographische. Teile der deutschstämmigen Bevölkerung verließen Neukölln in andere Stadtteile oder das Umland. Im Gegenzug zogen, vornehmlich in den Norden des Bezirks, immer mehr Migranten – Bürgerkriegsflüchtlinge der 80er und 90er-Jahre aus dem Libanon, Palästina, Syrien und Jugoslawien oder Bewohner anderer Viertel, die durch Abschreibungssanierungen und Aufwertungsprozesse ins mietgünstigere Neukölln verdrängt wurden.

1993 war Neukölln mit 314.000 Einwohnern der bevölkerungsreichste Berliner Bezirk und wies mit 57.000 zugleich den höchsten absoluten Anteil an Ausländern auf. Laut des Finanzberichtes von 1994 bekleidete er in einer Gegenüberstellung von verfügbaren Sachmitteln pro Bewohner, Personalausstattung der Verwaltung, Anzahl der Kindertagesstätten und Schulen, Theatern und Schwimmbädern sowie Arbeitslosenquote und Sozialhilfeempfängern den letzten Platz aller 23 Berliner Bezirke.[253] Dazu kam, dass bloße statistische Zahlen das Gefälle zwischen dem Süd- und Nordteil Neuköllns verschleierten. Im Norden des Bezirks, wo sich die sozialen Problemlagen ballten, war die Situation viel dramatischer als im Süden.

Besonders die Ausländerarbeitslosenzahlen stiegen zusehends an. Der Anteil der Ausländer an den Neuköllner Arbeitslosen stieg von 21,9% im Jahre 1992 auf 28,5% im Jahre 2000.[254] Zusätzlich zum Mangel an Arbeitsplätzen machte das deutsche Asylrecht vielen von ihnen das Arbeiten ohnehin unmöglich.

Spätestens hier ist eine kurze Betrachtung des Begriffes „Ausländer" nötig. Rein formal – und so wird er bis heute in der Amtssprache und statistischen Erhebungen gebraucht – bezeichnet der Begriff schlicht Menschen ohne deutsche Staatszugehörigkeit. Bei einem Großteil dieser „Ausländer" handelt es sich jedoch seit der faktischen Einwanderung vieler ehemaliger Gastarbeiter und ihrer Familien um „Inländer ohne deutschen Pass". Oder, so die aktuelle Sprachregelung, um „Menschen mit Migrationshintergrund" – Berliner der zweiten oder dritten Generation mit unbefristeter Aufenthaltserlaubnis, aber auch Menschen, die teilweise seit über zehn Jahren in Deutschland leben, hier geborene, schulpflichtige Kinder haben und dennoch durch befristete, immer wieder kurzfristig verlängerte Duldungen in einem prekären Aufenthaltsstatus leben. Umgangssprachlich, auch in Medienberichten und dem öffentlichen Diskurs, wird der Begriff „Ausländer" oftmals pauschal und in diffamierender Absicht auf ganze migrantische Bevölkerungsgruppen angewandt, ungeachtet ihrer Staatszugehörigkeit und Integrationsbereitschaft. Dadurch werden regelmäßig – bewusst oder unbewusst – Ressentiment gegenüber einem ominösem Bild vom „Fremden“ in der Mehrheitsgesellschaft geschürt.

Dass Neukölln (mal wieder) die mediale Projektionsfläche für gesellschaftliche Diskurse um Parallelgesellschaften, Armut und soziale Probleme werden würde, kündigte sich schon 1997 mit einem Bericht des Spiegel an. Unter dem Titel „Endstation Neukölln“ überzeichnete das Magazin den Norden des Bezirkes als Wilden Westen der Republik, in dem völlige Gesetzlosigkeit, Faustrecht, Verwahrlosung und Armut Alltag seien. Provisorische Suppenküchen des Jugendamtes für hungernde Kinder ließen Bilder aus der Weimarer Republik aufkommen.[255]

Trotz einer Bürgerinitiative gegen diesen Rufmord sollte Neukölln das Image als „Bronx von Berlin“ künftig nicht mehr loswerden. Abgesehen von der skandalträchtigen Darstellung enthielt der Spiegel-Artikel aber auch durchaus Wahres – nämlich das der nördliche Ortsteil mit den billigen Mieten in den größtenteils unsanierten Mietskasernen zum Sammelpunkt der „Wendeverlierer West“ geworden war und mittlerweile etwa jeder vierte Bewohner von Sozialhilfe lebte. Im strukturell ohnehin benachteiligten Neukölln zeigte sich die soziale Segregation in der boomenden Hauptstadt am deutlichsten. Doch die Zusammenballung einer großen Zahl gesellschaftlich abgehängter, perspektivloser Migranten schien der Verwaltung immer noch

In Neukölln nimmt man seine Kinder besser an die Hand.

keinen Anlass zum Handeln gegeben zu haben. Bürgermeister Bodo Manegold (CDU) lehnte noch 1997 einen Ausländerbeauftragten als „noch einen Schwafler mehr, der die Welt verbessern will", ab[256] – erst seit 2002 gibt es einen Migrationsbeauftragten und einen Migrationsbeirat im Bezirk. Neukölln setzte dagegen auf Prestigeprojekte modernen Stadtmarketings: Seit 1995 steht am Schifffahrtskanal das Estrel – Europas größter Convention-, Entertainment- und Hotelkomplex. Dort finden Konferenzen, Preisverleihungen und exklusive Unterhaltungsshows statt, sogar „Wetten, dass...?" war schon einmal zu Gast.

Seit einigen Jahren veranstaltet der Berliner Sänger Frank Zander im Estrel sein alljährliches Weihnachtsfest für Obdachlose – in Sichtweite des mondänen Glastempels liegt das Neuköllner Obdachlosenheim in der Teupitzstraße.

Als zum 1. Januar 2001 die 23 Berliner Stadtbezirke zu zwölf Großbezirken fusionierten, blieb Neukölln mit seinen wachsenden Problemen allein – es hatte sich nicht einmal die Frage gestellt, wer mit dem „Schmuddelbezirk" hätte zusammengehen wollen.

Die sozialen Probleme verschärften sich immer mehr. 2004 setzte Neuköllns Bürgermeister Heinz Buschkowsky (SPD) einen öffentlichen Hilferuf ab, in dem er zugleich die Stadt Berlin harsch angriff:

„Die Zahl der Straftaten im Norden Neuköllns liegt um 40 % über dem Berliner Durchschnitt. Diese erschreckende Zahl verdeutlicht einmal mehr die brisante Situation von sozialen Brennpunkten wie Nord-

Neukölln. Überraschen können diese harten Fakten allerdings nicht. Ich habe immer wieder darauf hingewiesen, dass sich durch die unvermindert stattfindende Segregation die Lage bereits so dramatisch zugespitzt hat, dass der soziale Frieden gefährdet ist und ernsthafte Gefahren drohen. Fast jeder 2. Nord-Neuköllner hat einen Migrationshintergrund. Die Arbeitslosigkeit liegt bei 35%. 25% der Einwohner beziehen Sozialhilfe und jeder Dritte hat ein Einkommen unter der Armutsgrenze. Ebenfalls jeder Dritte junge Mensch verlässt im Norden Neuköllns die Schule ohne Abschluss. Es sind Parallelgesellschaften entstanden, in denen unsere Wertvorstellungen und Regeln für ein friedliches Miteinander leider oft schon nicht mehr gelten. Unabhängig von politischen Mehrheiten ist der Landespolitik seit Jahren bekannt, dass Nord-Neukölln ein soziales Pulverfass ist. Ebenso ist es nichts Neues, dass ein solch massiver sozialer Zündstoff letztendlich sein Ventil in der Kriminalität findet. Obwohl es einfach nicht mehr übersehen werden kann, dass die Gebiete gesellschaftlich umkippen, werden wir mit unseren Problemkiezen noch immer allein gelassen. Nicht nur die Landespolitik zeigt mit Ausnahme von einigen Betroffenheitsbekundungen wenig messbares Engagement, auch die Solidarität von sozial stabilen Bezirken tendiert gegen Null, wenn es um eine angemessene, der Verfassung entsprechende Verteilung der Finanzmittel geht. Vor dem Hintergrund der bestürzenden Zahlen der neuen Kriminalitätsstatistik appelliere ich einmal mehr an die Landespolitik, nicht tatenlos mit anzusehen, wie Gebiete wie Nord-Neukölln allmählich unregierbar und zu rechtsfreien Räumen werden. Der Staat darf sich gerade hier weder sozial- noch ordnungspolitisch zurückziehen, sondern er muss massive Anstrengungen unternehmen, um die ständige Selbsterneuerung bildungsferner Schichten zu unterbrechen. [...] Nur die offensive Hinwendung zu den Problemkiezen Berlins und ein aktives Gegensteuern kann den sozialen Frieden in der gesamten Stadt auch in der Zukunft sicherstellen.".[257]

Buschkowsky sprach angesichts des anhaltenden Wegzugs der aufstiegs- und bildungsaffinen Bevölkerung – Alteingesessene wie Migranten – aus Neukölln von einer „Abstimmung mit dem Möbelwagen" und verkündete das „Ende von Multikulti".

Das Jahr 2006 wurde zum Höhepunkt der medialen Stilisierung Nord-Neuköllns zum „Ghetto". Anfang des Jahres stellte der Regisseur Detlev Buck seinen Film „Knallhart" über Jugendgewalt und Hoffnungslosigkeit vor. Der Streifen handelt von dem 15-jährigen Michael, der mit seiner Mutter aus einem wohlbehüteten Zehlendorfer Umfeld nach Neukölln zieht. Dort wird er von einer türkischen Gang terrorisiert, rutscht ins kriminelle Milieu ab und begeht am Ende selbst einen Mord. Schon im Vorfeld gab es Auseinandersetzungen darüber, ob „Knallhart" den Realitäten entspreche oder Schwarz-Weiß-Malerei betreibe – und warum er ausgerechnet in Neukölln spielt. Neukölln habe eben diesen üblen Ruf, wie Berlin-Mitte den des Regierungsviertels und Kreuzberg den der Multikulti-Welt. Dabei werde übersehen, dass es dort in manchen Ecken noch viel schlimmer zugehe, meinte Bürgermeister Buschkowsky. Dennoch beurteilte er die Darstellung des Milieus gewalttätiger Jugendlicher als treffend und realistisch. Der Kreuzberger Grünen-Politiker Özcan Mutlu hielt den Film für übertrieben und warnte davor, dass er eine self-fullfilling prophecy werden könnte[258] – tatsächlich gefielen sich am Tage der Kinopremiere in den Neukölln-Arcaden stolze „Ghetto-Kids“ mit Sprüchen wie „Neukölln ist härter als im Film“.[259]

Das „Knallhart“ darüber hinaus dazu angetan war, das Angstbild vom jungen Ausländer als Intensivtäter (und seinem deutschen Opfer) in den Köpfen zu verfestigen, stellte das Magazin Die Zeit fest und nannte Neukölln nicht ohne Ironie die „neue Frontstadt deutscher Kulturkämpfe“.[260]

Wie eine Replik auf „Knallhart“ und eine meist populistisch geführte Migrationsdebatte wirkt die Dokumentation „Neukölln Unlimited“ aus dem Jahre 2010. Die drei Geschwister Hassan (18), Lial (19) und Maradonna (14) leben mit ihrer Familie, die vor 18 Jahren aus dem Libanon geflohen ist, in Neukölln. Sie hangeln sich von Duldung zu Duldung durch die Ausländerbehörden, einmal wurden sie schon abgeschoben, kamen aber wieder zurück. Die drei kämpfen um das Bleiberecht, ihr Leben ist ein ständiges Hin und Her zwischen Beratungsstellen, Härtefallkommissionen und einem zynischen Ausländeramt. Um den Lebensunterhalt für die Familie zu verdienen und so ein dauerhaftes Bleiberecht zu bekommen, versuchen sich die Geschwister mit viel Arbeit und Hartnäckigkeit als Break-Dancer zu etablieren. „Neukölln Unlimited“ zeigt die stigmatisierten „Ghetto-Kids“ von einer ande-

Erwiderung auf das Stigma der „Ghetto-Kids". Hassan, Lial und Maradonna aus Neukölln Unlimited.

ren Seite, ihren Ehrgeiz, „es zu schaffen" und die vielfältigen Hindernis, die ihr dabei von Bürokratie und Gesellschaft in den Weg gelegt werden.

Doch der nächste medienträchtige Skandal um Neukölln sollte eher das Szenario von „Knallhart" bedienen. Im Februar 2006 erklärte das Kollegium der Rütli-Schule offiziell den Zusammenbruch des Schulbetriebes.

„Wir müssen feststellen, dass die Stimmung in einigen Klassen zurzeit geprägt ist von Aggressivität, Respektlosigkeit und Ignoranz uns Erwachsenen gegenüber. Notwendiges Unterrichtsmaterial wird nur von wenigen Schüler/innen mitgebracht. Die Gewaltbereitschaft gegen Sachen wächst: Türen werden eingetreten, Papierkörbe als Fußbälle missbraucht, Knallkörper gezündet und Bilderrahmen von den Flurwänden gerissen. [...] Laut Aussage eines Schülers gilt es als besondere Anerkennung im Kiez, wenn aus einer Schule möglichst viele negative Schlagzeilen in der Presse erscheinen. Die negative Profilierung schafft Anerkennung in der Peer-Group. [...] In vielen Klassen ist das Verhalten im Unterricht geprägt durch totale Ablehnung des Unterrichtsstoffes und menschenverachtendes Auftreten. Lehrkräfte werden gar nicht wahrgenommen, Gegenstände fliegen zielgerichtet gegen Lehrkräfte durch die Klassen, Anweisungen werden ignoriert. Einige Kollegen/innen gehen nur noch mit dem Handy in bestimmte Klassen, damit sie über Funk Hilfe holen können [...] Wenn wir uns die Entwicklung unserer Schule in den letzten Jahren ansehen, so müssen wir feststellen, dass die Hauptschule am Ende der Sackgasse angekommen ist und es keine Wendemöglichkeit mehr gibt. Welchen Sinn macht es, dass in einer Schule alle Schüler/innen gesammelt werden, die weder von den Eltern noch von der Wirtschaft Perspektiven aufgezeigt bekommen, um ihr Leben sinnvoll gestalten zu können. In den meisten Familien sind unsere Schüler/innen die einzigen, die morgens aufstehen. [...] Schule ist für sie auch Schauplatz und Machtkampf um Anerkennung. Der Intensivtäter wird zum Vorbild. Es gibt für sie in der Schule keine positiven Vorbilder. Sie sind unter sich und lernen Jugendliche, die anders leben, gar nicht kennen. Hauptschule isoliert sie, sie fühlen sich ausgesondert und benehmen sich entsprechend".[261]

Die Rütli-Schule wurde tagelang von der Presse belagert. Die mediale Hochkonjunktur löste eine bundes-

Eine Schule im Mittelpunkt der medialen Welt.

weite, hysterische Debatte über Jugendgewalt, Migrationspolitik und die Form der Hauptschule aus. Das plötzliche Interesse verstärkte die Selbstinszenierung der „Ghetto-Kids“ – endlich wurden sie zur Kenntnis genommen. „Wir sind der Abschaum von Neukölln“, riefen sie der Presse zu.[262] Die Schule wurde zur bekanntesten „Bildungseinrichtung“ des Landes. Mit einem Anteil von 83,2% an Schülern „nichtdeutscher Herkunft“, wie es in der Beamtensprache heißt, war die Rütli-Schule allerdings keine Ausnahme und die Gewalt an Schulen stieg schon seit langem kontinuierlich an. Ähnliche Zustände traten auch anderswo zutage, etwa in Wedding und sogar in Charlottenburg.[263]

Auffallend am sensationsheischenden Medienrummel um die Rütli-Schule und Jugendgewalt war jedoch dessen Vergangenheitsvergessenheit. In der 1950er Jahren etwa hatte die so genannten „Halbstarken" in Neukölln für mediale Angstszenarien gesorgt. Diese proletarischen Jugendbanden – in Kontinuität der Wilden Cliquen – begehrten gegen die Enge der Adenauerzeit auf. Mit einem Habitus gewalttätiger Männlichkeit machten die Halbstarken durch sexuelle Belästigungen von Frauen, Straßenschlägerein und Bandenkriegen auf sich aufmerksam. 1957 zogen nach einem Konzert von Bill Haley im Neuköllner Kino „Globus" 20 bis 30 Jugendliche randalierend durch die Straßen, bei einem „Großkrawall" im Jahr darauf gingen etwa 50 Halbstarke mit Flaschen auf Polizisten los.[264] Der Soziologe und Schriftsteller Horst Bosetzky, Rütli-Schüler von 1946 bis 1951, berichtete von „jugendlichen Warlords", die damals die Straßen beherrscht haben sollen: „Weh dem Knaben, der in der Nähe der Rütli-Schule zart besaitet war". Prügeleien – auch mit Schlagringen – seien an der Tagesordnung gewesen, die Lehrerin mindestens einmal in der Woche heulend aus dem Klassenzimmer gelaufen. Auch No-Go-Areas hätte es damals gegeben, beispielsweise die Weserstraße zwischen Pannier- und Rütli-Straße. „Abgezogen" wurde den Schwächeren eben nicht Handys oder Turnschuhe, sondern Bälle, Spielzeug und geklautes Buntmetall.[265] Im Jugendzentrum „Haus Wetzlar" in der Rütli-Straße (heute der Jugendclub Manege) mussten schon 1972 die Discoabende wegen ständiger Schlägereien eingestellt werden.[266]

Das Neue an der Situation 2006 war lediglich, dass es sich diesmal um eine sozial benachteiligte, zweite und dritte Generation von Einwandererkindern handelte. Brigitte Pick, bis 2005 langjährige Leiterin der Rütli-Schule, sagte, die Probleme an ihrer Schule seien „keine Frage der ethnischen Herkunft, sondern des sozialen Status. Ich bin der festen Überzeugung, dass auf dem Thema zurzeit deshalb so rumgehackt wird, weil es sich hier um eine ausländische Minderheit handelt. Wenn man die Klassenfrage zu einer Rassenfrage macht, wird man sich noch wundern, was in Stadteilen wie Neukölln abgeht".[267] Die Probleme der Einwandererkinder waren auch nicht über Nacht gekommen. In der Rütli-Schule hatten schon 1984 die Lehrer auf die Segregation von lernschwachen Schülern auf den Hauptschulen und den steigenden Anteil von Kindern mit Migrationshintergrund hingewiesen. Besondere Vorbereitungsklassen für Schüler mit geringen Deutschkenntnissen wurden zwar eingerichtet, „doch die Probleme werden von Jahr zu Jahr schwieriger und lassen sich auch mit größtem pädagogischem Einsatz nicht zufriedenstellend lösen", hieß es bereits damals.[268]

2006 reagierte die Politik, durch die Medien getrieben, mit Aktionismus. Mit dem neuen Direktor Aleksander Dzembritzki kamen Wachschutz (hier war Neukölln bundesweiter Vorreiter), Konfliktmediatoren, Sozialarbeiter und erstmals (!) auch Lehrkräfte mit eigenem Migrationshintergrund. AG's und Kurse für Hip-Hop, Kunst und Theater werden seither angeboten, beim Wahlpflichtfach Boxen lernen die Jugendlichen ihre Impulsivität zu kontrollieren. Das Ghetto-Image

Rütli-Wear.

wurde durch Gründung des eigenen Modelabels Rütli-Wear in ein positives Zusammengehörigkeitsgefühl verwandelt.

Seit 2008 sind im Projekt Campus Rütli, gefördert durch Politik, Unternehmen und private Stiftungen, mehrere Schulen, Kitas und Jugendeinrichtungen zu einem Pilotprojekt gebündelt. In den nächsten Jahren soll der Campus – von Skeptikern jedoch als Leuchtturmförderung kritisiert – mit 24 Millionen Euro zu einer ganzen Landschaft für Bildung und Sozialkompetenz erweitert werden.[269] Die Rütli-Schule vollführte binnen kurzer Zeit eine 180-Graddrehung: 2009 wurde sie zur 1. Berliner Gemeinschaftsschule, alle Plätze zu Beginn des Schuljahres 2011 waren belegt, nur noch 1,7% der Schüler verließen die Rütli ohne Abschluss, ein Drittel bekam die Empfehlung für die gymnasiale Oberstufe. Die Schule wird vorerst ein Experimentierfeld bleiben – immer noch sind 90% der Schüler Einwandererkinder, 80% kommen aus Familien mit Sozialleistungsbezug.[270]

Seit die geballte Medienaufmerksamkeit Neukölln zuteil wurde, ist der polarisierende Bürgermeister Heinz Buschkowsky ein häufiger Gast in Talkshows zur Integrationsdebatte, in denen „Sozialromantiker" und „Law-and-Order-Vertreter" aneinandergeraten. Seine gebetsmühlenartigen Forderungen sind die energische staatliche Intervention gegen entstehende Parallelgesellschaften, Einführung der Kindergartenpflicht und obligatorischer Ganztagsschulen sowie Sanktionen gegen so genannte Integrationsverweigerer. Sein Credo lautet: Bildung, Bildung, Bildung. Zu den Vertretern einer harten Linie zählte – bis zu ihrem Selbstmord 2010 – auch die umstrittene Jugendrichterin Kerstin Heisig. In ihrem viel diskutierten Buch „Das Ende der Geduld. Konsequent gegen jugendliche Gewalttäter“ begründete sie ihr „Neuköllner Modell“, das harte Strafen und vereinfachte Verfahren für kleinere Delikte vorsieht, um so eine erzieherische Sofortwirkung zu entfalten.[271] Das Neuköllner Modell wurde Mitte 2010 für ganz Berlin eingeführt. Kritiker, wie der Kriminologe Christian Pfeiffer, halten Heisigs Konzept jedoch für grundlegend falsch, zudem sei ihr Datenmaterial zur Gewalttätigkeit jungen Migranten einseitig ausgewählt – Pfeiffer verweist klar auf den vorwiegenden Einfluss der sozialen Lage, statt des kulturellen Hintergrundes von Jugendstraftätern.[272]

Die Boulevardpresse ließ Neukölln auch in den Jahren nach „Rütli“ nicht los. Im Januar 2008 veröffentlichte die B.Z. eine „Karte der Angst“. Die Zeitung sprach von No-Go-Areas, von für die Polizei verlorenen Gegenden, Jugendgangs und Drogenhandel.[273] 2009 legte das Boulevardblatt noch einmal nach: Nachdem eine Mitarbeiterin des Bürgeramts zusammengeschlagen worden war, sah die B.Z. eine „Gewalt-Welle“ und „Angst im Neuköllner Kiez“ und vermittelte den Eindruck, als könne sich in Neukölln niemand mehr auf die Straße trauen.[274]

Jenseits solcher Sensationsberichterstattung erstellte der Stadtsoziologe Hartmut Häußermann im Jahre 2008 auf Basis der Sozialstrukturdaten ein Entwicklungsgutachten und eine Trendanalyse für Neukölln. Häußermann bescheinigte Neukölln einen deutlichen

Medienterror über Neukölln. Die „Karte der Angst" im Schaufenster eines Zeitschriftenladens.

Niveauunterschied zwischen Süd- und Nordteil – in letzterem war die Dichte sozialer Problemlagen etwa doppelt so hoch wie in Gesamt-Berlin. Nord-Neukölln koppele sich, ähnlich Wedding und Moabit, durch diese zunehmende Verdichtung allmählich von einer positiven Berliner Gesamtentwicklung ab. Häußermann konstatierte zudem ein bedrohliches Ausmaß an Kinderarmut (in einigen Teilen Neuköllns lebten über 70% in Haushalten mit Hartz-IV-Bezug), sowie eine Verfestigung des allgemeinen Armutsniveaus. Im Gegensatz zu Wedding seien die gebündelten Probleme in Neukölln jedoch ein flächendeckendes Phänomen. Der

Stadtsoziologe forderte als Gegenmaßnahme eine sozial orientierte Berliner Wohnungspolitik, um zu verhindern, dass sich benachteiligte Bevölkerungsgruppen in Stadtteilen wie Nord-Neukölln weiter konzentrieren, zudem eine Bildungsoffensive mit „Magnetschulen“, die Schüler anderer Bildungsschichten anziehen – insgesamt also ein Maßnahmenpaket zur sozialen Heterogenisierung Neuköllns.[275]

Häußermann war es auch, auf dessen Vorschlag ab 1999 erste Quartiersmanagements (QM's) eingerichtet wurden. Sie werden vom städtebaulichen Förderprogramm Soziale Stadt gespeist mit dem Ziel, in den Kiezen die verschiedenen Akteure und Institutionen zusammenzubringen, Probleme zu schlichten, das Wohnumfeld zu verbessern und das so genannte Empowerment der Bewohnerinnen und Bewohner zu fördern. Von derzeit 34 Berliner QM-Gebieten befinden sich allein elf in Neukölln: Donaustraße-Nord, Flughafenstraße, Ganghoferstraße, High-Deck-Siedlung, Körnerpark, Lipschitzallee/Gropiusstadt, Reuterplatz, Richardplatz-Süd, Rollbergviertel, Schillerpromenade und Dammwegsiedlung.[276]

Unter dem öffentlichen Druck des Rütli-Skandals wurde auch die Neuköllner Verwaltung endlich tätig.

2007 erstellte die langjährige Kulturamtsleiterin Dorothea Kolland Leitlinien für eine interkulturelle Kulturpolitik, in denen sie die Möglichkeiten, aber auch die Grenzen der Neuköllner Multhiethnizität formulierte. Vor allem machte sie auf eine Tatsache aufmerksam, die nur verwundern kann: politische Konzepte, die auf die kulturellen Herausforderungen in der

Straßenszene in Nord-Neukölln.

Einwanderungsstadt Berlin reagieren, gab es bis dato nicht – weder für den Bezirk Neukölln, noch für die gesamte Stadt.[277]

Im November 2008 beschloss das Bezirksamt ein Leitbild zur interkulturellen Öffnung, mit dem die Verwaltung der Multiethnizität Neuköllns Rechnung tragen soll, unter anderem durch Sensibilisierung des Personals und gezielter Einstellung von Mitarbeitern mit Migrationshintergrund.[278] Ein halbes Jahr darauf wurde unter Mitarbeit des Migrationsrates ein 14-seitiges Papier zur Integrationspolitik erarbeitet, dass die Probleme, Herausforderungen und Ziele erstmalig klar benennt.[279] Die dortige Definition des ohnehin umstrittenen Integrationsbegriffes blieb allerdings in den Grenzen einer konservativ-paternalistischen Ausländerpolitik: Es ist lediglich von „Einbindung" und „Eingliederung" des über 50-prozentigen Anteils von Einwanderern, nicht jedoch von Um- und Mitgestaltung der Aufnahmegesellschaft die Rede.

# Nichts bleibt, wie es ist – Imagewandel und der Hype um Neukölln

Die Multiethnizität Neuköllns wurde in den letzten Jahren zusehends vom Makel zum Markenzeichen. 2008 zeichnete der Bund Neukölln als „Ort der Vielfalt“ aus. Begründet wurde die Auszeichnung mit dem „Lokalen Aktionsplan“, der sich ein demokratisches, respektvolles und gewaltfreies Miteinander, die Zusammenarbeit von Schulen und Jugendeinrichtungen für partizipativ-pädagogische Konzepte und nicht zuletzt die Zurückdrängung des seit Jahren im Süden des Bezirkes virulenten Neonazismus zum Ziel gesetzt hat. Zudem wurde anerkannt, dass die Neuköllner Verwaltung mit 25% den höchsten Anteil an Auszubildenden mit Migrationshintergrund in Berlin hat.[280] Im selben Jahr wurde der Bezirk in das Netzwerk Intercultural Cities des Europarats aufgenommen, um gemeinsam mit anderen Städten mit hohem Migrantenanteil adäquate Formen des Umgangs mit Multiethnizität zu entwickeln.[281]

Positiv entwickeln soll sich auch die Karl-Marx-Straße. Nach dem Mauerfall ging es mit der Einkaufsstraße rapide bergab – bis 2001 war der Umsatz um 50% zurückgegangen. Gründe dafür waren der Bau großer Einkaufszentrum im Berliner Umland, aber auch in direkter Nachbarschaft: Mit den Gropius-Passagen im Süden entstand 1997 Deutschlands größte Shopping-Mall, drei Jahre darauf eröffneten die Neukölln-Arcaden beim Rathaus. Verstärkt durch die sinkende Kaufkraft der Bevölkerung waren Ende der 1990er Jahre die meisten Traditions- und Fachgeschäfte aus der Karl-Marx-Straße verschwunden. Nach zogen 1-Euro-Shops, Handyläden und Dönerbuden; die Magistrale wurde zur heruntergekommenen Ramschmeile. Seit 2008 versucht der Bezirk durch das Programm Aktion! Karl-Marx-Straße deren Image zu verbessern und sie wieder als Wirtschaftsfaktor zu etablieren.[282] Im März 2011 wurde zudem ein 120 Hektar großes Sanierungsgebiet Karl-Marx-Straße/ Sonnenallee vom Berliner Senat festgelegt, d.h, dass in den kommenden 14 Jahren 55 Millionen Euro vor allem in den Ausbau von Straßen, Grünflächen, Kitas und Schulen fließen werden.

Etwa zeitgleich mit dem Höhepunkt von Neuköllns negativer Medienpräsenz zeigten sich erste Anzeichen einer Entwicklung zum angesagten Wohn- und Ausgehviertel. Den Anfang machte der Reuterkiez, wo seit Jahren vermehrt Studenten und Künstler hinzogen. Die direkte Nachbarschaft zu Kreuzberg trug ihm bald den hipper klingenden Namen Kreuzkölln ein. Den bevorstehenden Imagewandel witterte 2007 die in Neukölln lebende Bachmann-Preisträgerin Kathrin Passig, die vom „vielleicht nächsten großen Kultur-Ding" sprach.[284] In einem Kiez, in dem bisher nur Shisha-Cafés, türkische Teestuben und Alt-Berliner Eckkneipen gab, eröffneten allmählich erste Szenetreffs. Bereits seit 2005 vermittelte eine mit dem QM kooperierende Zwischennutzungsagentur leerstehende Gewerberäume; im Reuterkiez siedelt sich die so genannte Kreativbranche an: kleine Modelabels, Start-Ups im Kultur- und Medienbereich, experimentelle Kunstprojekte und subkulturelle Projekträume. Diese Pioniere des Wandels brachten folgerichtig die ersten Szenekneipen hervor. Nord-Neukölln als Eldorado für Kunst, Freaks und Experimente, als weißer Fleck auf der Berliner Kulturlandkarte, sprach sich rasch herum.

Das Festival 48 Stunden Neukölln, das zwar schon seit 1999 bestand, bisher aber eher ein Schattendasein gefristet hatte, explodierte in den Jahren 2008 bis 2010 förmlich zum größten Kunst- und Kulturevent Berlins mit rund 60.000 Besucherinnen und Besuchern.[285] Um Nord-Neukölln entstand ein regelrechter Hype, Stadt- und Kulturmagazine überschlugen sich in ihrer Berichterstattung über den neuen In-Kiez der Hauptstadt. Fast täglich eröffneten neue Bars, Galerien, Restaurants und Designerateliers, wo kurz zuvor noch kleine Lebensmittelläden oder Trödler zu finden waren. Langsam verirrten sich auch die ersten Touristen nach Neukölln, das Publikum wurde zusehends

## Die „neuen" Deutschen und der Neuköllner Flaggenstreit

Der neue, vermeintlich unbeschwerte deutsche „Partypatriotismus" führte bei der Fußballweltmeisterschaft 2010 zu einer Auseinandersetzung zwischen Migranten und Linksautonomen, die zum Politikum im In- und Ausland wurde.
Wieviele der Einwanderer Deutschland mittlerweile als ihre Heimat betrachten und wie selbstverständlich ihr Zugehörigkeitsgefühl demonstrierten, konnte man während der WM in Neukölln täglich erleben: Frauen mit schwarz-rot-goldenen Kronen über dem Kopftuch und Kinder mit Deutschlandfahnen um die Schultern waren auf den Straßen zu sehen, beim public-viewing fieberten Migranten gemeinsam mit Einheimischen für die deutsche Mannschaft.
Im nördlichem Teil der Sonnenallee, dem Zentrum der arabischen Comunity in Neukölln, wo sich in den letzten Jahren dutzende arabische Gewerbetreibende niedergelassen hatten, hing über Youssef Bassals Elektro-Shop, vom Dach bis zum ersten Stock, die größte Deutschlandfahne der Hauptstadt: 17 mal fünf Meter. Die 500 Euro teuere Flagge erregte schnell den Ärger der autonomen Szene, die in Berlin zum „Einsammeln" nationaler Symbole aufgerufen hatte. Nachdem die Flagge nachts abgerissen wurde, kaufte der libanesische Bürgerkriegsflüchtling mit deutschem Pass eine zweite, die jedoch bald in Flammen aufging. Zur Sicherung einer dritte Fahne richtete er mit anderen Einwanderern einen Wachschutz ein. Zu den Auseinandersetzungen mit den Autonomen sagte er, was deutsch sei, bestimmten sie schon selbst.
Der CDU-Politiker Badr Mohammed, Cousin des Ladenbesitzers, machte seinen Standpunkt folgendermaßen klar: „Wir wollen keine Alibi-Ausländer für irgendjemand sein. Wir wollen nicht ewig Migranten bleiben und einen Migrationshintergrund haben bis ins siebte Glied. Wir sind neue Deutsche. Punkt". In Neukölln, das immer wieder als Paradebeispiel für angeblich integrationsunwillige Migranten und Parallelgesellschaften herhalten muss, war es zu einer paradoxen Situation gekommen – die arabischstämmige Bevölkerung verteidigte die Nationalfahne gegen die einheimische.283
Dieses vielleicht grotesk anmutende Beispiel verweist im Kern allerdings auf eine selten wahrgenommene Seite der Einwanderungsgesellschaft: die Vielschichtigkeit und Problematik von Identitätsfindungsprozessen, mit denen Migranten hierzulande konfrontiert sind.

Was ist schon deutsch?

international und kosmopolitisch. Im März 2010 war bereits zu lesen, in Neukölln finde ein Revival jener Künstler- und Avantgardebewegung statt, die in den 1980er-Jahren die New Yorker Lower East Side zum Tummelbecken allerlei Verrücktheiten und Experimente gemacht hatte.[286] Nord-Neukölln sei nicht nur ein Kiez, sondern auch ein „Lebensgefühl", so das Stadtmagazin Tip 2011[287] – die vorwiegend jungen, studentischen Mittelstandszuzügler gefielen sich als Neu-Neuköllner mit einem gehörigen Schuss Ghettoromantik. Mittlerweile existieren zahllose Neukölln-Blogs, auch Devotionalien in T-Shirt-Form sind zu erwerben. Das in Neukölln bald Zustände wie mancherorts in Berlin-Mitte herrschen könnten, mit Edel-Boutiquen und schicken Bars rief schnell Kritiker auf den Plan, die sich zur Verteidigung des Viertels gegen so genannte „Kiezkiller" berufen fühlen – Yuppies, Touristen oder die sprichwörtlichen „Schwaben".

Tatsächlich hat der Imagewandel Nord-Neuköllns seine durchaus problematischen Seiten. Denn handfeste ökonomische Verwertungsinteressen folgen in der Regel auf dem Fuße. Bereits 2006 begann die Auseinandersetzung um die Frage, ob im Reuterkiez erste Anzeichen einer Gentrifizierung auszumachen sein. Unter Gentrifizierung, einem Begriff aus der angelsächsischen Stadtsoziologie, versteht man einen komplexen urbanen Wandlungsprozess, der immer nach demselben Muster verläuft: Vernachlässigte Altbauviertel mit günstigen Mieten und einer sozial benachteiligten Bevölkerung werden von Pionieren – Studenten und Künstlern – besiedelt. Durch eine entstehende Subkultur erfährt der

Kiez eine symbolische Aufwertung, der dadurch ausgelöste Zuzug ändert allmählich Sozialstruktur und Nachbarschaftscharakter, wodurch das Gebiet auch für eine besserverdienende Mittelschicht interessant wird. Diese Entwicklung ruft Immobilieninvestoren auf den Plan, durch (Luxus-) Sanierungen und Spekulationen beginnen die Mieten zu steigen. Dadurch werden letztlich sowohl die eingesessene Bevölkerung als auch die Pioniere aus dem Kiez verdrängt. Beispiele dafür finden sich in Berlin vor allem in Prenzlauer Berg, Mitte, Friedrichshain und Kreuzberg. Der Stadtforscher Andrej Holm sprach 2007 angesichts beginnender Aufwertungstendenzen im Reuterkiez bereits von einer „Gentrifizierung in Lauerstellung".[288] Hartmut Häußermann wies 2008 auf einen fatalen innerstädtischen Schaukeleffekt hin: durch die Aufwertung vor allem des benachbarten Kreuzberg und die folgende Verdrängung sozial benachteiligter Bevölkerungsgruppen nach Neukölln sei es in den vergangenen Jahren dort erst zu der bedrohlichen Konzentration sozialer Probleme gekommen. Dieser Prozess scheint sich nun innerhalb des Bezirkes zu wiederholen. Aus dem angesagten Kreuzkölln ziehen diejenigen, die bei dem steigenden Mietniveau nicht mithalten können, in andere Neuköllner Viertel, wo sich die einkommensschwachen Haushalte wiederum verdichten.[289]

Von 2009 bis 2011 sind die Neuvertragsmieten bei Standartwohnlagen in Nord-Neukölln in der Tat um 13,7% gestiegen (in Einzelfälle bis zu 80%); damit weist der Stadtteil die zweithöchste Mietdynamik in Berlin nach Lichtenberg auf[290] – ein lohnendes Geschäft, denn

Gentrify this!!! Streat-Art in Nord-Neukölln.

Neukölln hat eine hohe Mieterfluktuation. Bei jedem Wechsel kann die Miete erneut erhöht werden.

Ob die kulturelle und ökonomische Aufwertung des Stadtteils auch denjenigen zugute kommt, die sich am unteren Ende der sozialen Stufenleiter befinden, ist demnach fraglich. So erreichen das junge Szeneleben und Veranstaltungen wie 48 Stunden Neukölln dieses Milieu genauso wenig wie die migrantischen Bevölkerungsgruppen – eine Teilhabe der gesamten Bewohnerschaft Neuköllns am „großen Kulturding" der Zugezogenen ist bislang nicht zu verzeichnen. Die QM's, die vorwiegend von einer gebildeten Mittelschicht zur Mitsprache genutzt werden und offensiv Standortmarketing betreiben, gelten Kritikern mittlerweile als Vorfeldorganisationen der Gentrifizierung. Dem QM Schillerpromenade, seit Schließung des Flughafens Tempelhof das zweite große Aufwertungsgebiet Neuköllns, wurde beispielsweise vorgeworfen, durch repressive Maßnahmen gegen „problematische" Bevölkerungsgruppen wie Roma und Alkoholiker das Viertel für den Zuzug einer wohlhabenderen Klientel vorzubereiten.

Ob die von Wissenschaftlern wie Häußermann und Holm geforderte sozial ausgeglichene Bevölkerungsmischung in Neukölln in Zukunft Wirklichkeit werden wird, muss sich erst noch zeigen. Denn einerseits ist bereits die Verdrängung von sozial Schwächeren aus den angesagten Kiezen zu beobachten, andererseits zögern bildungsorientierte Eltern – ob mit oder ohne Migrationshintergrund – gegenwärtig noch, sich in Nord-Neukölln niederzulassen und ihre Kinder dort auch zur Schule zu schicken. „Wenn junge Leute sich nur während ihrer Studenten- und Ausbildungszeit ein bisschen den Kiez- und Revolutionswind um die Nase wehen lassen wollen und dann woanders ins bürgerliche Leben abtauchen, bleiben wir ein Durchlauferhitzer", so die skeptische Einschätzung von Bürgermeister Buschkowsky.[291]

Ob die Chancen auf gesellschaftliche Befriedung in Neukölln ausgerechnet in Zeiten permanenter systemischer Krisen und wachsender sozialer Ungleichheit steigen, kann aber ohnehin bezweifelt werden.

# Anmerkungen

1 zu Mittelalter und Neuzeit siehe ausführlich Schultze, Johannes, Rixdorf – Neukölln. Die geschichtliche Entwicklung eines Berliner Bezirkes, Berlin 1960, S.32-101.
2 Dem Kelch zuliebe Exulant. 250 Jahre Böhmisches Dorf in Berlin-Neukölln (Stätten der Geschichte Berlins, Bd. 19), hrsg. vom Bezirksamt Neukölln, Berlin 1987, S.29f.
3 ebd., S.158.
4 Motel, Manfred, Das Böhmische Dorf in Berlin. Die Geschichte eines Phänomens, Berlin 1983, S.48.
5 Escher, Felix, Neukölln (Geschichte der Berliner Verwaltungsbezirke Bd. 3), Berlin 1988, S.43.
6 zitiert nach Bezirksamt Neukölln, Exulant, S.51.
7 Motel, Dorf, S.48.
8 Bezirksamt Neukölln, Exulant, S.51.
9 Schultze, Rixdorf – Neukölln, S.141f.
10 www.popraci.de, abgerufen am 24.10.2011.
11 Schultze, Rixdorf – Neukölln, S.120.
12 Kisch, Egon Erwin, Böhmisches Dorf in Berlin, in: Hetzjagd durch die Zeit. Reportagen, Frankfurt am Main, 1974, S.146-148.

13 Motel, Manfred, Chronik von Rixdorf. Eine Festgabe aus dem böhmischen Dorf zum hundertsten Jahrestag der Stadtwerdung von Rixdorf, Berlin 1999, S.23; Escher, Neukölln, S.37ff.

14 Escher, Neukölln, S.39f.

15 Schultze, Rixdorf – Neukölln, S.87.

16 Olfe-Schlothauer, Rina, Von Kiesgruben, Mietskasernen und Kahlschlagsanierung. Die Geschichte des Rollbergviertels, in: Sand im Getriebe. Neuköllner Geschichte(n) (Stätten der Berliner Geschichte Bd.18), hrsg. vom Neuköllner Kulturverein, 2. überarb. Aufl., Berlin 1990, S. 43-60, hier S.43-46; Hüge, Cornelia, Die Karl-Marx-Straße. Facetten eines Lebens- und Arbeitsraums, 2. überarb. und erw. Auflage, Berlin 2010, S.47.

17 Swett, Pamela, Neighbors and Enemies. The Culture of Radicalism in Berlin, 1929 – 1933, Cambridge u.a. 2004, S.44.

18 Hüge, Facetten, S.48.

19 Olfe-Schlothauer, Kiesgruben, S.47.

20 Schultze, Rixdorf – Neukölln, S.211; Erbe, Michael, Berlin im Kaiserreich (1871 – 1918), in: Geschichte Berlins, hrsg. von Wolfgang Ribbe, Bd.2, Von der Märzrevolution bis zur Gegenwart, München 1987, S.691-793, hier S.694.

21 zitiert nach Beier, Rosemarie, Leben in der Mietskaserne. Zum Alltag Berliner Unterschichtsfamilien in den Jahren 1900 bis 1920, in: Asmus, Gesine (Hg.), Hinterhof, Keller und Mansarde. Einblicke in Berliner Wohnungselend 1901 – 1920. Die Wohnungs-Enquête der Ortskrankenkasse für den Gewerbebetrieb der Kaufleute, Handelsleute und Apotheker, Reinbeck bei Hamburg 1982, 244-270, hier S.264.

22 Olfe-Schlothauer, Kiesgruben, S.58f.

23 Materialien zur Geschichte Neuköllns, Bd.4. Kinderalltag 1900-1925, hrsg. vom Bezirksamt Neukölln, Abt. Volksbildung, Berlin-Neukölln 1986, Blatt 34f.

24 Gößwald, Udo/Jancic, Christa, Aufbruch in die Moderne? Rixdorf um 1908, in: Zehn Brüder waren wir gewesen... Spuren jüdischen Lebens in Berlin-Neukölln (Stätten der Geschichte Berlins, Bd. 29), hrsg. von Andrea Kolland, Berlin 1988, S. 29-44, hier S.43.

25 Escher, Neukölln, S.56.

26 ebd., S.52; 41f; 58f.

27 ebd., S.51f.

28 ebd., S.52f.

29 Bach, Ursula/Hüge, Cornelia, Wo Neukölln auf Kreuzberg trifft. Das Reuterquartier im Wandel, Berlin 2004, S.5-8; 13; 21f.

30 Schneider, Hermann, Als sie noch Kaiser-Friedrich-Straße hieß, in: Mitteilungsblatt des Neuköllner Heimatvereins, 5 (1955), S.43-46.

31 Gößwald, Aufbruch, S.34.

32 ebd., S.42.

33 Gößwald, Udo/Kolland, Dorothea/Wolff, Raymond, „Wer von Berlin nach Rixdorf reiste...". Rixdorf um 1900, in: Kolland, Zehn Brüder, S.13-23, hier S.21.

34 Gößwald, Aufbruch, S.43f; John, Christian, Der Ausverkauf der „Neuen Welt", in: Neuköllner Kulturverein, Sand im Getriebe, S. 135-150, hier S.139f.

35 Gößwald, Aufbruch, S.31; 34f.

36 zitiert nach Wolff, Raymond, Wo is' Musike?, in: Kolland, Zehn Brüder, S.24-28, hier S.25f.

37 zur Geschichte der Hasenheide sowie der Festsäle und Lokale siehe Ritter, Erich, Ein Gang durch die Geschichte der Hasenheide, in Neuköllner Heimatverein. Mitteilungsblatt 8 (1956), S.68-76; Uebel, Lothar, Viel Vergnügen. Die Geschichte der Vergnügungsstätten rund um den Kreuzberg und rund um die Hasenheide, Berlin 1986, S. 99-106.

38 zitiert nach Wolff, Musike, S.26f.

39 zitiert nach Stanić, Dorothea, Sand im Getriebe, in: Neuköllner Kulturverein, Sand im Getriebe, S. 7-22, hier S.13.

40 An dieser Stelle herzlichen Dank an das Bezirksamt Neukölln, dessen wertvolle Zusammenstellung von Dokumenten zur Stadtumbenennung, unter anderem Unterlagen aus dem Rathausarchiv, mir beim Abfassen dieses Kapitels eine unschätzbare Hilfe war. Materialien zur Geschichte Neuköllns, Bd. 8. Im Rückblick. Das Jahr 1912, hrsg. vom Bezirksamt Neukölln, Abt. Volksbildung, Berlin o.J. [1986], S.58-82.

41 Vorwärts vom 25.8.1912.

42 Verwaltungsbericht der Stadt Neukölln für die Geschäftsjahre 1912 und 1913, Neukölln 1920, S.260-264.

43 Vorwärts vom 21.10.1912.

44 John, Ausverkauf, S.142f.

45 Stanic, Dorothea, „Wir kämpfen zusammen für Kaiser und Reich ..." Neukölln um 1918, in: Kolland, Zehn Brüder, S.81-98, hier S.91f.

46 Escher, Neukölln, S.63.

47 Schultze, Rixdorf – Neukölln, S.186.

48 Stanic, Kaiser, S.90-93.
49 ebd., S.95.
50 Stanic, Dorothea, „Unser Rathaus", in: Neuköllner Kulturverein, Sand im Getriebe, S. 73-106, hier S.77f.
51 Escher, Neukölln, S.64; Stanic, Rathaus, S.81ff.
52 Stanic, Rathaus, S.96f.
53 ebd., S.83-86.
54 ebd., S.86ff.
55 ebd., S.88f; Escher, Neukölln, S.65.
56 Hegemann, Werner, Das steinerne Berlin. Geschichte der größten Mietskasernenstadt der Welt, Berlin 1930.
57 Schultze, Rixdorf – Neukölln, S.186, 235, 237, 239.
58 Köhler, Henning, Berlin in der Weimarer Republik (1918 – 1932), in: Ribbe, Geschichte Berlins, S. 797-923, hier S.814-818.
59 Schultze, Rixdorf – Neukölln, S.206f.
60 Büsch, Otto/Haus, Wolfgang, Berlin als Hauptstadt der Weimarer Republik 1919 – 1933 (Berliner Demokratie 1919 – 1985, Bd. 1), Berlin/New York 1987, S.376.
61 ebd., S.412.
62 ebd., S.442.
63 ebd., S.444.
64 Rosenhaft, Eve, Beating the Fascists? The German Communists and Political Violence 1929-1933, Cambridge u.a. 1983, S.14.
65 Sandvoß, Hans-Rainer, Widerstand in Neukölln 1933 – 1945 (Schriftenreihe über den Widerstand in Berlin von 1933 bis 1945, Bd.4), Berlin 1990, S.8.
66 zur Vielfalt der linken Gruppen und Grüppchen siehe ebd.
67 Stanic, Rathaus, S.96.
68 Köhler, Weimarer Republik, S.863.
69 Demps, Laurenz, Licht und Schatten. Alltag in der Großstadt, in: Weimar in Berlin. Portrait einer Epoche, hrsg. von Manfred Görtemaker und Bildarchiv Preußischer Kulturbesitz, Berlin 2002, S.36-61, hier S.40.
70 Böß, Gustav, Die Not in Berlin. Tatsachen und Zahlen, Berlin 1923, S.21-25.
71 Kessler, Harry Graf, Die Kinderhölle in Berlin, in: Die Deutsche Nation. Eine Zeitschrift für Politik, Sonderheft, Berlin 1921, S.18.
72 Scholz, Robert, Ein unruhiges Jahrzehnt. Lebensmittelunruhen, Massenstreiks und Arbeitslosenkrawalle in Berlin 1914-1923, in: Gailus, Manfred (Hg.), Pöbelexzesse und Volkstumulte in Berlin.

Zur Sozialgeschichte der Straße (1830-1980), Berlin 1984, S.79-123, Zitat S.111.

73 zitiert nach ebd., S.112.

74 Schultze, Rixdorf-Neukölln, S.214f.

75 Novy, Klaus, „Berlinischer als in Berlin" – Aufstieg und Niedergang der Wohnreformträger in Rixdorf/Neukölln, in: Vom Ilsenhof zum Highdeck. Modelle sozialen Wohnens in Neukölln, hrsg. vom Neuköllner Kulturverein e.V., Berlin 1987, S.20-29; zur Ideal-Passage siehe Becker, Christine, Die Ideal-Passage – Fortschritt durch Selbsthilfe, in: ebd., S.51-65.

76 hier sei auf die hervorragende Internetseite zum Themenkomplex verwiesen: www.hufeisensiedlung.info, abgerufen am 12.12.2011.

77 Sandvoß, Widerstand, S.124; Hug, Heinz: Erich Mühsam. Leben und Werk, Gütersloh 1974, S.61-76.

78 Escher, Neukölln, S.67f; Radde, Gerd, Die Schulreformer Löwenstein und Karsen, in: Kolland, Zehn Brüder, S.185-194, hier S.186.

79 Dahle, Wendula, Die Karl-Marx-Schule in Berlin-Neukölln, in: Beck, Boehnke (Hg.), Jahrbuch für Lehrer 1979, Reinbeck bei Hamburg 1978, S.52-73.

80 Hoffmann, Volker, Zwischen Schulreform und Schulkampf. Zur Geschichte und Auflösung der Rütlischule(n), in: Neuköllner Kulturverein, Sand im Getriebe, S.155-172, hier S.155ff; Festschrift 75 Jahre Rütli-Schule 1909 – 1984, Berlin-Neukölln 1984, S.19f.

81 zitiert nach Hoffmann, Schulreform, S.155.

82 www.freitag.de/politik/1003-schulreform-weimarer-republik-berlin, abgerufen am 28.12.2011.

83 Hoffmann, Schulreform, S.159-161.

84 Hilfe Schule. Ein Bilder Lese Buch über Schule und Alltag, hrsg. von der Arbeitsgruppe Pädagogisches Museum, Berlin 1981, S.146f.

85 Hoffmann, Schulreform, S.162-165.

86 Festschrift, S.37f.

87 Escher, Neukölln, S.67.

88 Kollwitz, Hans, Ein Tag aus dem Leben eines Stadtarztes, in: Neuköllner Kulturverein, Sand im Getriebe, S. 179-188, hier S.182-188.

89 Gélieu, Claudia von, Wegweisende Neuköllnerinnen. Von der Britzer Prinzessin zur ersten Stadträtin, Berlin 1998, S.148.

90 ebd., S.155-158.

91 ebd., S.166-170.

92 ebd., S.150-154.

93 ebd., S.173-179; Bertz, Inka, Helene Nathan – „ ... die Schranken der eigenen Existenz überwinden", in: Kolland, Zehn Brüder, S.221-233.

94 Hüge, Facetten, S.59ff.

95 Lustig, Detlev, Karstadt – Das modernste Kaufhaus Europas, in: Kulturverein Neukölln, Sand im Getriebe, S.61-72, hier S.65-69.

96 Baacke, Rolf-Peter, Mercedes-Palast, Hermannstr. Erinnerungsmomente eines großen Kinos, in: ebd., S.151-154.

97 Mayer, Herbert, „Schlagt nicht, schießt nicht!". Über den Blutmai 1929, in: Berlinische Monatsschrift 5 (1999), S. 12-17, hier S.12f.

98 Schirmann, Léon, Blutmai Berlin 1929. Dichtungen und Wahrheit, Berlin 1991, S.77f.

99 ebd., S.127-133, 12.

100 ebd., S.146ff, 337.

101 ebd., S.218ff.

102 ebd., S.149.

103 ebd., S.153-157.

104 ebd., S.157-166, 338f.

105 ebd., S.83, 338.

106 Escher, Neukölln, S.73.

107 Büsch, Berlin, S.443.

108 zitiert nach Schartl, Matthias, Ein Kampf ums nackte Überleben. Volkstumulte und Pöbelexzesse als Ausdruck des Aufbegehrens in der Spätphase der Weimarer Republik, in: Gailus, Pöbelexzesse, S.125-167, hier S.149.

109 ebd., S.148ff.

110 Peukert, Detlev J. K., Die Weimarer Republik. Krisenjahre der Klassischen Moderne, Frankfurt am Main 1987, S.94-100.

111 Winkler, Heinrich August, Der Weg in die Katastrophe. Geschichte der Arbeiter und der Arbeiterbewegung in der Weimarer Republik, 2. vollständig durchges. u. korr. Aufl., Berlin u.a. 1990, S.46-49.

112 Rosenhaft, Eve, Organising the „Lumpenproletariat". Cliques and Communists in Berlin during the Weimar Republik, in: Evans, Richard J. (Hg.), The German Working Class 1888 – 1933, London 1982, S.174-219.

113 Kessinger, Bernd, Die Nationalsozialisten in Berlin-Neukölln 1925 – 1933, unveröffentlichte Masterarbeit an der Humboldt-Universität zu Berlin 2011.

114 Neuköllner Tageblatt vom 16.11.1926.

115 Engelbrechten, Julek K. von, Eine braune Armee entsteht. Die Geschichte der Berlin-Brandenburger SA, München/Berlin 1937, S.48f.

116 Engelbrechten, Julek K. von/ Volz, Hans, Wir wandern durch das nationalsozialistische Berlin. Ein Führer durch die Gedenkstätten des Kampfes um die Reichshauptstadt, München 1937, S.185f; Engelbrechten, Armee, S.102.

117 Engelbrechten, Armee, S.102.

118 Rosenhaft, Fascists, S.62ff.

119 Engelbrechten, Armee, S.102.

120 Die Rote Fahne vom 21.9.1929.

121 Die Tagebücher von Joseph Goebbels, Eintrag 22.9.1929, Teil I, Bd.1/III, München 2004, S.86.

122 Engelbrechten, Armee, S.102. Die Rote Fahne vom 24.9.1929.

123 Neuköllner Tageblatt vom 24.9.1929.

124 Goebbels Tagebücher, Teil I, Bd. 1/III, S.334; Der Angriff vom 20.10.1929.

125 Alle nachfolgenden Zahlen zu den Wahlergebnissen im Reich und Berlin sind, soweit nicht anders angegeben, den Wahlstatistiken aus Materna, Ingo/Ribbe, Wolfgang, Geschichte in Daten – Berlin, Berlin 1997, S. 280-285, für den Bezirk Neukölln, Büsch, Berlin, S.444, entnommen.

126 Goebbels Tagebücher, Eintrag 25.5.1930, Teil I, Bd. 2/I, München 2005, S.164.

127 Goebbels, Tagebücher, Eintrag 29.6.1930, Teil I, Bd. 2/I, S.186.

128 Zeitzeugenbericht von Elisabeth Graßmann, in: Köhler, Jochen, Klettern in der Großstadt. Geschichten vom Überleben zwischen 1933 – 1945, Berlin 1981, S.26.

129 Neuköllner Tageblatt vom 17.11.1929.

130 Neuköllner Tageblatt vom 7. und 8.10.1932.

131 Engelbrechten, Armee, S.177, 188; Engelbrechten, Berlin, S.189f.

132 zitiert nach Schartl, Volkstumulte, S.141.

133 Die folgenden Ausführungen stützen sich, sofern nicht anders vermerkt, auf Rosenhaft, Fascists, S.118-121.

134 Der Angriff vom 26.9.1931.

135 Neuköllner Tageblatt vom 16., 20. und 27.10.1931.

136 Engelbrechten, Armee, 204.

137 Engelbrechten, Armee, 204.

138 Schmiechen-Ackermann, Detlef, Nationalsozialismus und Arbeitermilieus. Der nationalsozialistische Angriff auf die proletarischen

Wohnquartiere und die Reaktion in den sozialistischen Vereinen, Bonn 1998, S.198f; Swett, Neighbors, S.254.

139 Neuköllner Tageblatt vom 19.7. und 22.7.1932.

140 Büsch, Berlin, S.338f.

141 Neuköllner Tageblatt vom 31.7.1932.

142 Neuköllner Tageblatt vom 4., 5., 6. und 8.11.1932.

143 Engelbrechten, Berlin, S.189; Neuköllner Tageblatt vom 31.10.1932.

144 Schmiechen-Ackermann, Arbeitermilieus, S.210.

145 Widerstand in Neukölln, hrsg. vom VVN-Westberlin und dem Neuköllner Kulturverein, 2. erw. Aufl., Berlin 1987, S.10.

146 Neuköllner Tageblatt vom 17.1.1933.

147 Goebbels Tagebücher, Eintrag 16.1.1933, Teil I, Bd.2/III, 107.

148 Kessinger, Masterarbeit.

149 Sandvoß, Widerstand, S.144.

150 Sandvoß, Widerstand, S.43f; Neuköllner Tageblatt vom 5.2.1933.

151 Neuköllner Tageblatt vom 11.2.1933.

152 Sandvoß, Widerstand, S.12.

153 ebd., S.48ff; 72-76.

154 Escher, Neukölln, S.76.

155 Neuköllner Tageblatt vom 5.3.1933.

156 Büsch, Berlin, S.444.

157 ebd., S.444; Neuköllner Verwaltungsbericht für die Zeit vom 1. April 1932 bis 31. März 1936 mit einem Rückblick auf die Jahre 1928 bis 1931, Berlin 1937, S.11.

158 Verwaltungsbericht 1932-1936, S.14ff.

159 Bach, Ursula/Hüge, Cornelia, Wo Neukölln auf Kreuzberg trifft. Das Reuterquartier im Wandel, Berlin 2004, S.69f.

160 Bertz, Inka, Nachhaltiger zerstört, als Bomben dies vermocht hätten. Neukölln um 1938, in: Kolland, Zehn Brüder, S.243-263, hier S.250f.

161 Schmiechen-Ackermann, Arbeitermilieus, S.490.

162 ebd., S.504.

163 ebd., S.559f, Zitat ebd.

164 Alle Angaben nach Sandvoß, Widerstand , der das ganze Spektrum des Widerstandes in Neukölln detailliert abhandelt.

165 Stanić, Rathaus, S.103.

166 Gößwald, Berlin nach Rixdorf, S.19ff.

167 Wolff, Raymond, Die jüdische Gemeinde in Rixdorf um 1908, in: Kolland, Zehn Brüder, S.45-55, hier S.46-49.

168 Gößwald, Aufbruch, S.30f, 35.

169 Jančik, Christa, Dr. Raphael Silberstein – ein Arzt in der Kommunalpolitik, in: Kolland, Zehn Brüder, S.76-80.

170 Braun, Helmut F., „Judenfreies Ärztekasino". Antisemitismus am Krankenhaus Britz, in: Kolland, Zehn Brüder, S.73-75.

171 Meier, Ekkehard, „Saufbrüder, Proleten und osteuropäisches Gesindel". Eine Fallstudie zum Antisemitismus in den Anfangsjahren der Weimarer Republik am Beispiel des Neuköllner Krankenhauses 1919/1920, in: Kolland, Zehn Brüder, S.113-131.

172 Ramm, Harald B., Jüdische Betriebe und Gewerbetreibende – Entstehung, Entwicklung, Arisierung, in: Kolland, Zehn Brüder, S.290-307;Brunner, Detlev, 36 Jahre „deutscher Fleiß". Das Kaufhaus Joseph & Co., 1900-1936, in: ebd., S.308-312.

173 Wolff, Raymond, Die Vernichtung der jüdischen Gemeinde in Neukölln, in: Kolland, Zehn Brüder, S.264-289, hier S.272-275.

174 Ramm, Harald B., „Wohnen muß man!". Exmittierung jüdischer Bewohner aus städtischen und genossenschaftlichen Häusern und Wohnungen, in: Kolland, Zehn Brüder, S.361-371.

175 Liste der aus Neukölln deportierten Juden, in: Kolland, Zehn Brüder, S.431-441.

176 Liste der Stolpersteine in Neukölln, Stand Oktober 2010, www.kultur-neukoelln.de/client/media/283/flyer_nach_name_sortiert_bis_2010.pdf, abgerufen am 2.1.2012.

177 Braun, Helmut F., Produktion für den Massenmord am Beispiel der Firma Gaubschat in Neukölln, in: Kolland, Zehn Brüder, S.426-430.

178 Spielmann, Jochen, Konzentrationslager Sachsenhausen, Außenlager Neukölln, Braunauer Str. 187/189, in: Kolland, Zehn Brüder, S.420-425.

179 Schultze, Rixdorf – Neukölln, S.204.

180 Hüge, Facetten, S.63

181 Ohm, Martin, Rixdorf-Neukölln – einst und jetzt. Kommunalpolitische Betrachtungen zum 1.4.1949, unveröffentlichtes Typoskript, S.115.

182 Schultze, Rixdorf – Neukölln, S.203f.

183 Escher, Neukölln, S.83ff.

184 Fähnrich, Petra/Reisser, Frank-Ulrich, Im Auftrag der Besatzungsmacht – Die neue Bezirksverwaltung, in: Mit Kohldampf auf dem Trümmerberg. Die Nachkriegszeit in Berlin-Neukölln 1945 – 1949 (Neuköllner Beiträge zur Bezirksgeschichte, Bd. 3), hrsg. vom Bezirksamt Neukölln, Berlin 1990, S.137-147, hier S.140f.

185 Ohm, Betrachtungen, S.113-118.

186 Schultze, Rixdorf – Neukölln, S.204.
187 Fähnrich, Petra, Gemeinsames Ziel: Demokratischer Neubeginn – Die Parteien, in: Bezirksamt Neukölln, Kohldampf, S.129-136.
188 Fähnrich, Besatzungsmacht, S.147.
189 ebd., S.143.
190 Semmel, Lothar, Gemeinsamer Wille: „antifaschistisch", in: Bezirksamt Neukölln, Kohldampf, S.148-157.
191 zitiert nach ebd., S.154.
192 Bartkowski, Olaf, Wilhelm der Große – Schicksal eines Hohenzollern in Neukölln, in: Neuköllner Kulturverein, Sand im Getriebe, S.23-28; Hüge, Facetten, S.223.
193 Hüge, Facetten, S.34.
194 Semmel, Antifaschistisch, S.153.
195 ebd., S.155-157, Zitat S.155.
196 Kotowski, Georg/Reichhardt, Hans J., Berlin als Hauptstadt im Nachkriegsdeutschland und Land Berlin 1945 – 1985 (Berliner Demokratie 1919 – 1985, Bd.2), Berlin/New York 1987, S.396.
197 Demps, Laurenz/Paeschke, Carl-Ludwig, Flughafen Tempelhof. Die Geschichte einer Legende, Berlin 1998, S.9-45.
198 Kellerhoff, Felix Sven, Hitlers Berlin. Geschichte einer Hassliebe, Berlin 2005, S.108.
199 Winzer, Beate, Erinnerungsbroschüre für das vergessene KZ Kolumbia-Haus zur Errichtung einer Gedenk- und Informationsstätte für die Häftlinge des KZ und den ZwangsarbeiterInnen des Rüstungsproduzenten Flughafen Tempelhof, Berlin o.J.
200 Winzer, Beate, Arbeit für den Feind. Zwangsarbeit und Rüstungsproduktion im Flughafen Tempelhof, Berlin o.J.
201 Demps, Tempelhof, S.84-90;
202 Escher, Neukölln, S.88.
203 Koch, Karin, Antikommunismus statt Entnazifizierung? Paul Eggert als Leiter der Polizeiinspektion Neukölln und die amerikanische Polizeipolitik in der frühen Nachkriegszeit, in: Schmiechen-Ackermann, Detlef/Stiepani, Ute/Toelle, Claudia (Hg.), Alltag und Politik in einem Berliner Arbeiterbezirk. Neukölln von 1945 – 1989, Bielefeld 1998, S.93-113.
204 Botsch, Giedeon, Joachim Lipschitz. Ein sozialdemokratischer Antikommunist in Lichtenberg und Neukölln 1945 bis 1961, in: Schmiechen-Ackermann, Alltag, S.115-150.
205 Kotowski, Berlin, S.396.
206 ebd., S.397.

207 Schultze, Rixdorf – Neukölln, S.225.
208 Kotowski, Berlin, S.397.
209 Hüge, Facetten, S.33f.
210 600 Jahre von Richardsdorf bis Neukölln, hrsg. vom Bezirksamt Neukölln, Berlin 1960, S.8.
211 siehe Paul, Stefan, 600 Jahre, in: Gößwald, Udo (Hg.), Inventur. Neuköllner Nachkriegszeiten, Berlin 1995, S.188f.
212 Die Berliner Mauer 1961 – 1989. Fotografien aus den Beständen des Landesarchivs Berlin, ausgewählt und erläutert von Volker Viergutz, 9. Aufl., Berlin 2010, S.78.
213 Arnold, Dietmar/Kellerhoff, Sven Felix, Die Fluchttunnel von Berlin, Berlin 2009, S.67-93.
214 Hüge, Facetten, S.34f
215 Olfe-Schlothauer, Kiesgruben, S.58f.
216 Berning, Maria/Braum, Michael/Lütke-Daldrup, Engelbert, Berliner Wohnquartiere. Ein Führer durch 40 Siedlungen, Berlin, 1990, S.151-156; Der Tagesspiegel vom 9.11.2011.
217 Berning, Wohnquartiere, S.157-160; Metz, Stefan, Die Gropiusstadt – Eine Niederlage der Moderne?, in: Neuköllner Kulturverein, Ilsenhof, S.106-121.
218 Christiane F. Wir Kinder vom Bahnhof Zoo, nach Tonbandprotokollen aufgeschrieben von Kai Hermann und Horst Rieck, 9. Aufl., Hamburg 1979, S.23.
219 zitiert nach Kinzel, Mathias, Gropiusstädter Kochlöffel, in: Gößwald, Inventur, S.112f, hier S.113.
220 www.qm-gropiusstadt.de, 26.12012.
221 Kurzbericht über die Trendanalyse der Entwicklung von Neukölln und Nord-Neukölln im Vergleich zu Berlin insgesamt und zu anderen Teilgebieten in Berlin, bearb. von Hartmut Häußermann, Jan Dohnke und Daniel Förste, Berlin 2008.
222 Kotowski, Berlin, S.397.
223 ebd., S.369.
224 Enzensberg, Ulrich, Die Jahre der Kommune I. Berlin 1967 – 1969, Köln 2004, S.74f.
225 Bach, Reuterquartier, S.18.
226 Paul, Stefan, Beuys' Besen, in: Gößwald, Inventur, S.126f, Zitat S.127.
227 Bach, Reuterquartier, S.81.
228 Ernst, Ute, Frauenforum, in: Gößwald, Inventur, S.122f.

229 Hartmann, Rainer/Hörsch, Barbara/Neujahr, Joachim, Neukölln – Ein Bezirk ohne Ausländer?, in: Schmiechen-Ackermann, Alltag, S.329-356, hier S.333f.
230 ebd., S.339ff.
231 ebd., S.330.
232 ebd., S.346.
233 ebd., S.342f.
234 ebd., S.347f
235 Bach, Reuterquartier, S.19.
236 ebd., S.53f.
237 zitiert nach Hartmann, Ausländer, S.349.
238 ebd., S.332.
239 ebd., S.350ff; Bach, Reuterquartier, S.54.
240 Hartmann, Ausländer, S.351f.
241 Bach, Reuterquartier, S.19.
242 ebd., S.37f; Herrmann, Klaus E. W., Hausbesetzer im Böhmischen Dorf, in: Gößwald, Inventur, S.104f.
243 Reuter. Die Stadtteilzeitung aus dem Reuterkiez, Homosexualität als Versteckspiel, Ausgabe Dez.2009/Jan.2010, S.4.
244 Escher, Neukölln, S.15; Hüge, Facetten, S.35f.
245 Hüge, Facetten, S.37; Paul, Stefan, Neuköllner Wochenblatt, in: Gößwald, Inventur. S.42f.
246 Made in Neukölln. Wirtschaft im Umbruch, hrsg. von Udo Gößwald, Berlin-Neukölln 2001, S.9.
247 Röhr, Rita, Wirtschaft und Beschäftigung in Neukölln, in: Gößwald, Umbruch, S.13-28, hier S.14ff.
248 ebd., S.20.
249 Gößwald, Umbruch, S.7, 9.
250 Röhr, Wirtschaft, S.26.
251 ebd., S.24f.
252 ebd., S.14.
253 Hartmann, Ausländer, S.329.
254 Röhr, Wirtschaft, S.26.
255 Der Spiegel, Endstation Neukölln, 43/1997, S.58-63.
256 ebd.
257 Pressemitteilung von Bezirksbürgermeister Heinz Buschkowsky zur jüngsten Kriminalitätsstatistik vom 17.02.2004.
258 http://www.tagesspiegel.de/berlin/neukoelln-ist-haerter/690114.html, abgerufen am 20.1.2012.

259 http://www.tagesspiegel.de/berlin/knallhart-neukoelln/683340.html, abgerufen am 20.1.2012.

260 http://www.zeit.de/2006/09/Zeit_d__Wlfe/seite-1, abgerufen am 20.1.2012.

261 Schreiben des Kollegiums der Rütli-Schule vom 28.2.2006.

262 Der Spiegel, Die verlorene Welt, 14/2006, S.22-36.

263 ebd.

264 Hölscher, Christoph, „Halbstark". Jugendlicher Alltag und Subkultur in Berliner Arbeiterbezirken der fünfziger Jahre, in: Schmiechen-Ackermann, Alltag, S.181-212.

265 www.berliner-zeitung.de/archiv/ein-ehemaliger-ruetli-schueler-erinnert-sich-an-seine-kindheit-in-neukoelln-knueppel--krampen-und-konflikte,10810590,10377442.html, abgerufen am 1.2.2012.

266 Bach, Reuterquartier, S.95.

267 http://www.taz.de/1/archiv/archiv/?dig=2006/04/05/a0225, abgerufen am 1.2.2012.

268 Festschrift Rütli-Schule, S.46.

269 www.campusrütli.de, abgerufen am 1.2.2012.

270 Berliner Woche. Ausgabe Neukölln-Nord, Der Rütli-Schwur, 49/2011, S.15.

271 Heisig, Kerstin, Das Ende der Geduld. Konsequent gegen jugendliche Gewalttäter, Freiburg im Breisgau 2010.

272 http://www.cicero.de/berliner-republik/nicht-alle-buben-sind-so-b%C3%B6se/41114, abgerufen am 2.2.2012.

273 www.bz-berlin.de/archiv/die-neukoelln-karte-der-angst-article322538.html, abgerufen am 3.2.2012

274 www.bz-berlin.de/bezirk/neukoelln/angst-im-neukoellner-kiez-article362165.html, abgerufen am 3.2.2012.

275 Die Entwicklung der Verkehrszellen im Bezirk Neukölln 2001 – 2006. Bericht für das Bezirksamt Neukölln, bearb. von Hartmut Häußermann, Andreas Kapphan und Daniel Förste, Berlin 2008; Trendanalyse der Entwicklung von Neukölln und Neukölln-Nord in Vergleich zu Berlin insgesamt und zu anderen Teilgebieten in Berlin, bearb. von Hartmut Häußermann, Jan Dohnke und Daniel Förste, Berlin 2008.

276 www.quartiersmanagement-berlin.de, abgerufen am 2.2.2012.

277 kultur-neukoelln.de/client/media/63/16_neukllner_leitlinien_2007.pdf, abgerufen am 29.12.2011.

278 Leitbild zur interkulturellen Öffnung des Bezirksamtes Neukölln vom 18.11.2008.

279 Integrationspolitik in Neukölln, Mai 2009.
280 www.orte-der-vielfalt.de/index.php?id=487, abgerufen am 3.2.2012.
281 www.coe.int/t/dg4/cultureheritage/culture/cities/default_en.asp, abgerufen am 3.2.2012.
282 Hüge, Facetten, S.37-43.
283 blog.zeit.de/joerglau/2010/07/01/85-quadratmeter-deutschland_3979, abgerufen am 5.2.2012; www.morgenpost.de/berlin-aktuell/article1332648/In-Neukoelln-ist-ein-Fahnenstreit-entbrannt.html, abgerufen am 5.2.2012.
284 www.berliner-zeitung.de/archiv/rund-um-die-weserstrasse-wandelt-sich-der-problembezirk-zum-szeneviertel--ein-besuch-nachts-in-neukoelln-nord,10810590,10499420.html, aberufen am 5.2.2012.
285 www.48-stunden-neukoelln.de, abgerufen am 6.2.2012.
286 www.tip-berlin.de/kultur-und-freizeit-stadtleben-und-leute/nord-neukolln-spielplatz-avantgarde, abgerufen am 6.2.2012.
287 www.tip-berlin.de/kultur-und-freizeit-stadtleben-und-leute/neukolln-im-aufbruch, abgerufen am 6.2.2012.
288 www.bmgev.de/mieterecho/324/06-gentrifizierung-neukoelln-ah.html, abgerufen am 6.2.2012.
289 Häußermann, Trendanalyse.
290 www.bmgev.de/mieterecho/mieterecho-online/mietenexplosion-neuvertragsmieten.html, abgerufen am 6.2.1012.
291 http://service.zitty.de/magazin-berlin/63197/, abgerufen am 6.2.2012.

## Abbildungsnachweis

Rixdorf um 1834, Schultze, Johannes, Rixdorf – Neukölln. Die geschichtliche Entwicklung eines Berliner Bezirkes, Berlin 1960: S.6
Museum Neukölln:
vorderer Umschlag, S.20/21, S.23, S.28/29, S.32/33, S.50/51, S.62/63, S.69, S.72, S.75, S.84, S.104, S.114, S.122, S.127, S.135, S.146/147 (Foto: Henschel)
Landesarchiv Berlin:
S.118/119 (F Rep. 290, Nr. 0007470/Foto: Iglarz), S.121 (F Rep. 290, Nr. 0260701/Foto: Klinkmöller), S.129 (F Rep. 290, Nr. 0086677/Foto: Jo-

hann Willa), S.133 (F Rep. 290, Nr. 0276064/Foto: Horst Siegmann), S.139 (F Rep. 290, Nr. 0188325/Foto: Karl-Heinz Schubert)
Bundesarchiv:
S.70 (Bild 146-1981-003-08), S.97 (Bild Y1 / 1096 / 84)
Privatbesitz:
S.39, S.42/43, S.46, S.82
Bernd Kessinger:
Cover, S.13, S.66, S.108/109, S.130, S.154, S.161, S.167, S.169, S.178
Tim Zülch:
S.112
Wikipedia Commons:
hintere Klappe (TUBS), S. 79
Neuköllner Tageblatt:
S.94/95, S.102/103
Wohnungsbaugesellschaft Stadt und Land:
S.136
Möller, Georg, Von Richardsdorf bis Neukölln. Eine zusammenfassende Darstellung der ortsgeschichtlichen Ereignisse, Neukölln 1926: S.16
Gabriele Kantel:
S.175
Rütli-Wear (Foto: Stefanie Stabno):
S.164
INDI FILM GmbH:
S.159
Engelbrechten, Julek K. von/Volz, Hans, Wir wandern durch das nationalsozialistische Berlin. Ein Führer durch die Gedenkstätten des Kampfes um die Reichshauptstadt, München 1937: S.90

## Danksagung

Wir danken für die Unterstützung beim Druck:

ROLEMA, Rechtsanwälte und Notare
Baugenossenschaft Ideal
Berliner Kindl

BAUGENOSSENSCHAFT
IDEAL

*... mehr als ideales Wohnen*

Die **Baugenossenschaft IDEAL eG** wurde 1907 gegründet und verfügt über einen Bestand von rund 4.350 Alt- und Neubauwohnungen und Gewerbeeinheiten. Unser Wohnungsbestand befindet sich ausschließlich im Süden Berlins. Unsere Wohnungen sind für junge Singles, Senioren und Familien hervorragend geeignet.

Um unseren Service noch umfassender zu gestalten haben wir für unsere Mitglieder Gemeinschaftsräume, Gästewohnungen, Tischtennisräume und Saunen zum anmieten. Diese können Sie ebenfalls gerne für Ihre Gäste anmieten. Mitgliedertreffs dienen als Begegnungsstätte und Veranstaltungsorte.

Mitglied in unserer Genossenschaft zu sein bedeutet, mehr Rechte als ein Mieter und weniger Pflichten als ein Eigentümer zu haben. Optimale Bedingungen also.

Wir zahlen unseren Mitgliedern eine jährliche Dividende in Höhe von 4 % und bieten sozialverträgliche Mieten an.

Wenn wir Ihr Interesse geweckt haben, zögern Sie nicht uns anzurufen unter

**Tel. 609 901 0** oder besuchen Sie unsere **Homepage bg-ideal.de**.

SO SCHMECKT BERLIN

Berliner Kindl
Jubiläums
PILSENER